GERICHTE AUS DER PFANNE

Moewig
Ein Verlag der Edel Germany GmbH

Titel der Originalausgabe: Pan Food
Copyright © 2016 Nextquisite
www.nextquisite.com

Diese Ausgabe erscheint bei der
Edel Germany GmbH als Lizenzausgabe

Project Director Anne McRae
Art Director Marco Nardi
Photography Brent Parker Jones; Shutterstock
Text Claudia Scott
Editing Ursula Jones

Copyright der deutschen Ausgabe
© 2017 Edel Germany GmbH,
Neumühlen 17, 22763 Hamburg
www.edel.com

Projektkoordination der deutschen Ausgabe:
Julia Sommer
Übersetzung: Lisa Heilig, Köln
Redaktion und Satz der deutschen Ausgabe:
trans texas publishing services GmbH, Köln
Covergestaltung:
Groothuis, Gesellschaft für Ideen
und Passionen mbH
www.groothuis.de

ISBN 978-3-86803-599-5

Printed in China

GERICHTE AUS DER
PFANNE
EINFACH, SCHNELL
UND LECKER
MOEWIG

EINE PFANNE FÜR JEDE GELEGENHEIT

Pfannen sind unverzichtbare praktische Küchenutensilien, und in jedem Haushalt sollte es zumindest ein Modell davon geben, schließlich sind sie unglaublich vielseitig einsetzbar und können zum Braten, Dünsten, Frittieren, Schmoren oder Kochen verwendet werden. Pfannen gehören zum ältesten Kochgeschirr, und viele traditionelle Gerichte aus der ganzen Welt werden in eigens dafür vorgesehenen Pfannen zubereitet. In diesem Buch finden Sie Rezepte für abwechslungsreiche Pfannengerichte wie Risotto, Paella, Biryani, Omelett, Frittata, Tortilla, Crêpes, Puffer, Bratlinge und Frikadellen ... insgesamt über 50 leckere Gerichte, ob zum Frühstück, Mittag- oder Abendessen, ob als kleine Zwischenmahlzeit, Beilage oder Dessert.

Wenn nicht anders angegeben, können Sie in den Rezepten eine Pfanne Ihrer Wahl verwenden. Für manche Rezepte benötigen Sie einen Deckel, weshalb Sie sich zumindest eine Pfanne mit passendem Deckel zulegen sollten. Für einige asiatische Gerichte ist ein Wok besonders praktisch. Diese chinesischen Pfannen sind bestens geeignet für schnelles Rührbraten, sie können aber durch eine normale Bratpfanne ersetzt werden. Wir hoffen, dass Ihnen diese leckeren Gerichte genauso gut schmecken werden, wie es uns Spaß gemacht hat, sie für Sie zusammenzustellen!

Gegenüber: ein französisches Omelett in einer gusseisernen Pfanne

Vor der ersten Verwendung einer guss- oder schmiedeeisernen Pfanne den Backofen auf 160 °C vorheizen. Die Pfanne in warmem Seifenwasser abwaschen und klar spülen. (Im weiteren Gebrauch sollten Eisenpfannen nicht mehr mit Seifenwasser gespült werden.) Die Pfanne sorgfältig trocknen und mit Küchenpapier innen und außen mit einer dünnen Schicht Pflanzenöl sorgfältig einreiben. Dann eine Stunde in den Backofen stellen.

Guss- und schmiedeeiserne Pfannen zum Reinigen nur mit einem Küchenlappen auswischen. Verkrustungen mit warmem Wasser, Salz und einem Lappen zu Leibe rücken. Nie mit Spülmittel reinigen und auf keinen Fall in die Spülmaschine stellen.

PFANNENARTEN

Gusseisen: Diese Pfannen sind robust und halten die Hitze gut. Wenn der Griff ebenfalls aus Gusseisen ist, können sie auch im Backofen verwendet werden. Sehr gut zum Kurzbraten, Anbraten, Braten und Schmoren geeignet.

Edelstahl, mit Deckel: Diese langlebigen, kratzunempfindlichen Pfannen können für viele Zwecke eingesetzt werden. Das Material reagiert nicht mit Zutaten oder Stoffen wie Säure und rostet nicht. Edelstahlpfannen sind teurer als Alugusspfannen und Antihaftpfannen, aufgrund ihrer Langlebigkeit aber ihren Preis wert.

Aluminium: Die Leichtgewichte unter den Pfannen sind günstig, strapazierfähig, rostfrei und leiten die Hitze sehr gut. Ein Nachteil ist, dass das Material mit bestimmten (Frucht-)Säuren (z. B. in Tomaten) reagieren kann, die das Aluminium aus der Pfanne lösen. Sie sind nicht so robust und verbeulen schneller als andere Pfannen. Aber ihr niedriger Preis macht es einfach, sie zu ersetzen.

Keramik: Die Antihaftbeschichtung aus Keramik kann ohne Bedenken vor schädlichen Stoffen genutzt werden. Die meisten Hersteller haben toxisches Blei und Kadmium aus den Beschichtungsmaterialien verbannt. Vor dem Gebrauch sollten Sie sich jedoch stets informieren.

Guss- oder schmiedeeiserne Pfannen, Antihaft- oder Kupferpfannen gehören nicht in die Spülmaschine! Am besten werden sie nur ausgewischt bzw. direkt nach Verwendung mit klarem heißem Wasser ausgespült. Verwenden Sie nie scharfe Reinigungsmittel oder grobe Schwämme oder Pfannenreiniger aus Stahlwolle, da sie das Material angreifen. Verwenden Sie Kochlöffel und Pfannenwender aus Holz oder Kunststoff. Pfannen mit Antihaftbeschichtung haben eine Haltbarkeit von rund fünf Jahren, danach sollten sie ersetzt werden.

Kupfer: Diese Pfannen sehen sehr schön aus und haben eine hervorragende Hitzeleitung. Sie verbeulen leicht und reagieren negativ auf bestimmte Stoffe. Die meisten modernen Kupferpfannen haben zusätzlich eine Edelstahlbeschichtung.

Paellapfanne: Paellapfannen sind flach und breit und werden aus Schmiedeeisen gefertigt. Das Material braucht besondere Pflege und muss nach jedem Gebrauch eingeölt werden. Emaillierter Stahl ist eine gute Alternative. Die gesprenkelte schwarze Oberfläche ist relativ günstig und einfach in der Pflege. Eisenpfannen sind teurer, ergeben aber auch die besten Ergebnisse. Eine Paellapfanne benötigt keinen Deckel.

Antihaft-Pfanne: Edelstahl- oder Alugusspfannen gibt es auch mit Beschichtungen (z. B. Teflon), die verhindern, dass das Gargut am Pfannenboden festsitzt. Da sie kratzempfindlich sind, sollte nur mit weichen Kochutensilien gearbeitet werden. Scharfe Reinigungsmittel und Scheuerschwämme sind tabu. Bei sehr hohen Temperaturen über 350 °C können sie toxische Dämpfe entwickeln.

Wok: Dieses Kochgeschirr stammt ursprünglich aus China. Traditionell werden Woks aus Gusseisen oder Schmiedeeisen gefertigt. Daneben gibt es auch Modelle aus Aluminium und Edelstahl mit und ohne Beschichtung.

1 EL natives Olivenöl extra • 4 Bio-Eier • 2 TL gemischter roter und grüner Pfeffer in Lake, abgetropft • 1 TL getrockneter Dill • ½ TL Paprikapulver (edelsüß oder scharf) • 1 Prise Meersalzflocken • Chiliringe und rote Zwiebelringe, nach Geschmack, zum Garnieren • 2–4 Scheiben Mehrkornbrot, geröstet, zum Servieren

FÜR 2–4 PERSONEN VORBEREITUNG: 10 MINUTEN GARZEIT: 5–10 MINUTEN

SPIEGELEIER MIT KRÄUTERN & GEWÜRZEN

1. Das Öl in einer mittleren Pfanne erhitzen. **2. Die Eier** bei niedriger bis mittlerer Hitze nacheinander in die Pfanne schlagen. Dabei darauf achten, dass das Eigelb unversehrt bleibt. Wenn das Öl spritzt, ist es zu heiß und die Hitze sollte etwas reduziert werden. **3. Die Eier** 3–4 Minuten braten, bis das Eiweiß gestockt, das Eigelb aber noch flüssig ist. **4. Die Spiegeleier** mit eingelegtem Pfeffer, Dill, Paprikapulver und Meersalzflocken bestreuen. Nach Belieben mit Chili- und Zwiebelringen garnieren. **5. Die Spiegeleier** vorsichtig mit einem Pfannenwender trennen. Auf die Brotscheiben setzen und sofort heiß servieren.

Diese würzigen Spiegeleier schmecken zum Brunch, als Mittagsimbiss oder als leichtes Abendessen. Mit einem kleinen grünen oder gemischten Salat haben Sie eine nahrhafte Mahlzeit, die im Handumdrehen zubereitet ist.

Wenn Sie dieses Rezept mögen, probieren Sie auch Menemen (Türkisches Omelett) auf Seite 16.

2–3 Bio-Eier • 1 EL Milch •
Meersalz und frisch gemahlener schwarzer Pfeffer •
75 g TK-Erbsen • 1–2 TL Butter • 50 g frischer junger Spinat •
1 große Handvoll gemischte frische Kräuter, z. B. Koriander, Petersilie, Basilikum und Gartenkresse

FÜR 1 PERSON   VORBEREITUNG: 10 MINUTEN   GARZEIT: 5 MINUTEN

FRANZÖSISCHES OMELETT MIT GRÜNEM GEMÜSE

1. Die Eier in einer kleinen Schüssel mit einer Gabel sorgfältig verquirlen. **2. Die Milch** einarbeiten. Salzen und pfeffern und nochmals verrühren. **3. Die Erbsen** in einem kleinen Topf Salzwasser 3–4 Minuten garen. Das Wasser abgießen und die Erbsen gut abtropfen lassen. **4.** Eine kleine Pfanne (20 cm ø) etwa 30 Sekunden stark erhitzen. Die Butter darin zerlassen und durch Schwenken auf dem ganzen Pfannenboden verteilen. **5.** Sobald die Butter nicht mehr schäumt und bevor sie zu bräunen beginnt, die Eiermischung langsam zugießen und durch Schwenken gleichmäßig auf dem Pfannenboden verteilen. **6. Die Eiermasse** etwa 10 Sekunden stocken lassen. Dann die Pfanne rütteln und mit einem Kochlöffel oder Pfannenwender die Eiermasse vom Rand in die Mitte ziehen. **7.** Auf diese Weise die Eiermasse weitere 2–3 Minuten stocken lassen. **8. Spinat**, Kräuter und Erbsen zufügen, solange das Omelett noch nicht ganz trocken ist. **9.** Die Pfanne zu einer Seite neigen und mithilfe eines Pfannenwenders eine Hälfte des Omeletts über die Füllung klappen. **10.** Die Pfanne leicht schräg halten, sodass das Omelett an den Pfannenrand rutscht, dann das Omelett vorsichtig auf einen Teller gleiten lassen. **11.** Sofort servieren.

Omeletts sind schnell und einfach zubereitet. Pro Person sollten 2–3 möglichst ganz frische Eier berechnet werden. Omeletts können pur, mit untergerührten Kräutern oder mit weiteren Zutaten bestreut werden. Wenn die Füllung gegart werden muss, sollte das immer vor der Zubereitung des Omeletts geschehen.

● Wenn Sie dieses Rezept mögen, probieren Sie auch Italienisches Omelett auf Seite 12.

4 Bio-Eier • 1 EL Milch •
Meersalz und frisch gemahlener schwarzer Pfeffer •
1–2 TL Butter • 100 g Mozzarella, in Scheiben geschnitten •
2–3 kleine Tomaten, in Scheiben geschnitten •
1 Handvoll frisch gehacktes Basilikum, Koriander und Petersilie

FÜR 2 PERSONEN VORBEREITUNG: 10 MINUTEN GARZEIT: 10 MINUTEN

ITALIENISCHES OMELETT

1. Die Eier trennen. Das Eigelb in einer kleinen Schüssel mit einer Gabel sorgfältig verquirlen. **2. Die Milch** einarbeiten. Salzen und pfeffern und nochmals verrühren. **3. Das Eiweiß** mit 1 Prise Salz in einer zweiten Schüssel steif schlagen und unter die Eigelbmasse heben. **4.** Eine ofenfeste Pfanne (24 cm ø) etwa 30 Sekunden stark erhitzen. Die Butter darin zerlassen und durch Schwenken auf dem ganzen Pfannenboden verteilen. **5. Sobald die Butter** nicht mehr schäumt und bevor sie zu bräunen beginnt, die Eiermasse langsam zugießen und durch Schwenken gleichmäßig auf dem Pfannenboden verteilen. **6. Die Masse** etwa 10 Sekunden stocken lassen. Dann die Pfanne kurz rütteln und mit einem Kochlöffel oder Pfannenwender gestockte Eiermasse vom Rand in die Mitte ziehen. **7. Die Eiermasse** auf diese Weise 2–3 Minuten stocken lassen, bis die Unterseite fest und leicht gebräunt ist. **8.** Inzwischen den Backofengrill vorheizen. **9. Das Omelett** mit den Mozzarella- und Tomatenscheiben belegen. Salzen und pfeffern. **10. Das Omelett** in der Pfanne unter den heißen Backofengrill schieben und überbacken, bis der Käse zu schmelzen beginnt und das Omelett gebräunt ist. **11. Mit den Kräutern** bestreuen und sofort servieren.

Durch den Eischnee wird das Omelett dicker und luftiger.

Wenn Sie dieses Rezept mögen, probieren Sie auch Salami-Brot-Frittata auf Seite 18.

2–3 Bio-Eier • 1 EL Milch • Meersalz und frisch gemahlener schwarzer Pfeffer • 1–2 TL Butter • 2 große Scheiben gekochter oder roher Schinken • 4 Cocktailtomaten, geviertelt • 2 Frühlingszwiebeln, in Ringe geschnitten • 4 EL saure Sahne

FÜR 1 PERSON VORBEREITUNG: 10 MINUTEN GARZEIT: 5 MINUTEN

SCHINKENOMELETT
MIT TOMATEN & SAURER SAHNE

1. Die Eier in einer kleinen Schüssel mit einer Gabel sorgfältig verquirlen. **2. Die Milch** einarbeiten. Salzen und pfeffern und nochmals verrühren. **3.** Eine kleine Pfanne (20 cm ⌀) etwa 30 Sekunden stark erhitzen. Die Butter darin zerlassen und durch Schwenken auf dem ganzen Pfannenboden verteilen. **4. Sobald die Butter** nicht mehr schäumt und bevor sie zu bräunen beginnt, die Eiermasse langsam zugießen und durch Schwenken gleichmäßig auf dem Pfannenboden verteilen. **5. Die Eiermasse** etwa 10 Sekunden stocken lassen. Dann die Pfanne kurz rütteln und mit einem Kochlöffel oder Pfannenwender gestockte Eiermasse vom Rand in die Mitte ziehen. **6. Die Eiermasse** auf diese Weise weitere 1–2 Minuten stocken lassen. **7. Das Omelett** mit den Schinkenscheiben belegen, solange es in der Mitte noch nicht trocken ist. Tomaten und Frühlingszwiebeln darauf verteilen. Weitere 3–4 Minuten garen, bis das Omelett fest ist und Schinken und Tomaten heiß sind. **8. Die saure Sahne** darauflöffeln und die Pfanne vom Herd nehmen. **9.** Die Pfanne leicht rütteln und schräg halten, sodass das Omelett an den Pfannenrand rutscht, dann das Omelett vorsichtig auf einen Teller gleiten lassen.

Wenn Sie dieses Rezept mögen, probieren Sie auch Französisches Omelett mit grünem Gemüse auf Seite 10.

2 EL natives Olivenöl •
2 mittelgroße weiße Zwiebeln, in feine Streifen
geschnitten • 1 rote Paprika, in Streifen • 1–2 rote Chilis, entkernt
und in feine Ringe geschnitten • 400 g geschälte Tomaten aus der Dose •
1 EL Zucker • Meersalz und frisch gemahlener schwarzer Pfeffer • 4 Bio-Eier • 2 EL grob
gehackte frische Petersilie • 120 g stichfester Naturjoghurt • 2 Knoblauchzehen, fein gehackt

FÜR 2–4 PERSONEN VORBEREITUNG: 15 MINUTEN GARZEIT: 20–25 MINUTEN

MENEMEN

TÜRKISCHES OMELETT

1. Das Öl in einer Pfanne (30 cm ø) erhitzen. Zwiebeln, Paprika und Chilis darin etwa 5 Minuten dünsten. **2. Tomaten** und Zucker sorgfältig untermischen. Mit Salz und Pfeffer würzen. Die Mischung etwa 10–15 Minuten einköcheln lassen. **3. Die Eier** zufügen und 2 Minuten stocken lassen. Dann mit einem Holzlöffel unter die Tomatenmischung rühren. Mit aufgesetztem Deckel bei niedriger Hitze etwa 5 Minuten garen, bis die Eier gestockt sind. **4. Joghurt** und Knoblauch in einer Schale verrühren. Mit Salz und Pfeffer abschmecken. **5. Das Omelett** mit Petersilie bestreuen. Die Portionen mit je einem Esslöffel Joghurt garnieren und sofort servieren.

Menemen ist eine klassische türkische Eierspeise und ein wunderbares Gericht für einen Brunch oder ein leichtes Mittagessen. Reichen Sie frisches Brot dazu, um die leckere Sauce aufzustippen.

Wenn Sie dieses Rezept mögen, probieren Sie auch Schakschuka (Pikante Eier-Tomaten-Pfanne) auf Seite 22.

3 Bio-Eier • 1 EL Milch •
Meersalz und frisch gemahlener schwarzer Pfeffer •
1–2 TL Butter • 1 Scheibe Graubrot, in Stücke gezupft •
4 Cocktailtomaten, halbiert • 2 dünne Scheiben Salami, in Stücke gezupft •
2 große dünne Scheiben Gouda oder Emmentaler • frische Petersilie, zum Garnieren •
1 Prise geräuchertes Paprikapulver, zum Servieren

FÜR 1–2 PERSONEN VORBEREITUNG: 10 MINUTEN GARZEIT: 10 MINUTEN

SALAMI-BROT-FRITTATA

1. Die Eier in einer kleinen Schüssel mit einer Gabel sorgfältig verquirlen. **2. Die Milch** einarbeiten. Salzen und pfeffern und nochmals verrühren. **3.** Eine Pfanne (24 cm ø) etwa 30 Sekunden stark erhitzen. Die Butter darin zerlassen und durch Schwenken auf dem ganzen Pfannenboden verteilen. **4. Sobald die Butter** nicht mehr schäumt und bevor sie zu bräunen beginnt, die Eiermasse langsam zugießen und durch Schwenken gleichmäßig auf dem Pfannenboden verteilen. **5. Die Eiermasse** etwa 10 Sekunden stocken lassen. Dann die Pfanne kurz rütteln und mit einem Kochlöffel oder Pfannenwender gestockte Eiermasse vom Rand in die Mitte ziehen. **6. Die Eiermasse** auf diese Weise weitere 1–2 Minuten stocken lassen. **7. Brotstücke**, Tomaten, Salami und Käse auf der Frittata verteilen, solange sie noch nicht ganz trocken in der Mitte ist, dann weitere 3–4 Minuten garen, bis die Frittata fest ist und der Käse zu schmelzen beginnt. **8.** Die Pfanne leicht rütteln und schräg halten, sodass die Frittata an den Pfannenrand rutscht, dann die Frittata vorsichtig auf einen Teller gleiten lassen. **9. Die Frittata** mit Petersilie garnieren, mit Paprikapulver bestäuben und sofort servieren.

Diese Frittata eignet sich prima, um Brot-, Salami- und Käsereste aufzubrauchen, und ist ein tolles spätes Wochenendfrühstück.

• Wenn Sie dieses Rezept mögen, probieren Sie auch Schinkenomelett mit Tomaten & saurer Sahne auf Seite 14.

3 mittelgroße festkochende Kartoffeln, geschält oder abgebürstet • 1 mittelgroße Zwiebel, abgezogen • 6 mittelgroße Bio-Eier • Meersalz und frisch gemahlener schwarzer Pfeffer • 1–2 EL Butter oder natives Olivenöl extra • 4–6 große Scheiben Frühstücksspeck • frische Petersilie, zum Garnieren

FÜR 2–3 PERSONEN   VORBEREITUNG: 15 MINUTEN   GARZEIT: 10–15 MINUTEN

HASHED BROWNS
MIT SPECK & EIERN

1. Kartoffeln und Zwiebel auf ein sauberes Trockentuch raspeln. **2.** Das Tuch an den Ecken zusammenfassen und zudrehen, um die Raspel sorgfältig auszudrücken; die Kartoffeln sollten möglichst trocken sein. **3. Die Raspel** in eine Schüssel geben und 1 Ei unterrühren. Salzen und pfeffern. **4. Butter** oder Öl in einer großen Pfanne erhitzen. Die Kartoffelmischung hineingeben und gleichmäßig verteilen. Bei mittlerer Hitze 3–4 Minuten garen, bis die Unterseite gebräunt ist. Mit einem Pfannenwender wenden. **5.** Mit einem Kochlöffel fünf Löcher in die Masse drücken und die restlichen Eier hineinschlagen. Bei mittlerer Hitze weitere 3–4 Minuten garen, bis die Kartoffeln auf der Unterseite gebräunt und die Eier gestockt sind. **6. Inzwischen die Speckscheiben** in einer kleinen Pfanne ohne Fettzugabe 3–5 Minuten auslassen, bis sie gebräunt und knusprig sind. **7. Die Speckscheiben** zu den Hashed Browns geben. Mit Petersilie garnieren und sofort servieren.

Hashed Browns sind das amerikanische Pendant zum Schweizer Rösti. In den Staaten werden sie zum Frühstück serviert, aber natürlich schmecken sie auch als Mittag- oder Abendessen. Die Kartoffeln können je nach Sorte auch mit Schale verarbeitet werden, sollten in diesem Fall aber vorher gründlich unter fließend Wasser abgeschrubbt werden.

Wenn Sie dieses Rezept mögen, probieren Sie auch Rustikaler Bauernschmaus mit Tomaten, Bratwurst & Eiern auf Seite 26.

2 EL natives Olivenöl extra •
1 mittelgroße Zwiebel, grob gehackt • 1 rote oder
orange Paprika, klein gewürfelt • 1 Knoblauchzehe, fein gehackt •
6 mittelgroße Tomaten, gehäutet und gehackt, oder 400 g geschälte Tomaten
aus der Dose • 1 TL gemahlener Kreuzkümmel • 1 TL scharfes Paprikapulver •
1 TL Meersalzflocken • 1 rote Chili, entkernt und fein gehackt • 3–4 Bio-Eier •
frische Petersilie, zum Garnieren

FÜR 2 PERSONEN   VORBEREITUNG: 10 MINUTEN   GARZEIT: 15 MINUTEN

SCHAKSCHUKA

PIKANTE EIER-TOMATEN-PFANNE

1. Das Öl in einer großen Pfanne erhitzen. Zwiebel, Paprika und Knoblauch darin 5–7 Minuten bei mittlerer Hitze andünsten. **2. Die Tomaten** mit Kreuzkümmel, Paprikapulver, Salz und Chili in einer Schüssel verrühren. **3. Die Mischung** in die Pfanne geben, sorgfältig verrühren und etwa 10 Minuten einköcheln lassen. **4.** Vier Vertiefungen in die Tomatenmasse drücken und die Eier hineinschlagen. Den Deckel aufsetzen und etwa 5 Minuten sanft garen, bis die Eier leicht gestockt, aber nicht fest sind. **5. Mit der Petersilie** garnieren und sofort servieren.

Schakschuka, auch in den Schreibweisen Shakshouka oder Chakchouka bekannt, ist ein in Israel und Tunesien verbreitetes Gericht aus pochierten Eiern in einer leckeren pikanten Tomatensauce. Üblicherweise wird es zum Frühstück serviert, es schmeckt aber auch zu jeder anderen Tageszeit.

● Wenn Sie dieses Rezept mögen, probieren Sie auch Menemen (Türkisches Omelett) auf Seite 16.

1 EL Butter oder natives Olivenöl extra • 100 g kleine Champignons • 2–3 Scheiben Frühstücksspeck • 6–8 Cocktailtomaten • 2 Bio-Eier • 200 g Baked Beans aus der Dose • frischer Rucola oder Pflücksalat, zum Garnieren • Toastbrot, frisch getoastet, zum Servieren

FÜR 1 PERSON VORBEREITUNG: 5 MINUTEN GARZEIT: 10 MINUTEN

ENGLISCHES FRÜHSTÜCK

1. Das Öl in einer großen Pfanne erhitzen. Die Pilze darin bei mittlerer Hitze 4–5 Minuten andünsten. An den Pfannenrand schieben. **2. Die Speckscheiben** in die Pfanne geben und 3–4 Minuten goldbraun und knusprig braten. Ebenfalls an den Pfannenrand schieben. **3. Die Tomaten** hineingeben und 3–4 Minuten dünsten. An den Pfannenrand schieben. **4. Die Eier** in die Pfanne schlagen und 3–4 Minuten zu Spiegeleiern braten. **5. Die Baked Beans** zufügen und erhitzen. **6. Mit Rucola** garnieren und sofort mit frischem Toastbrot servieren.

Dieses klassische englische Frühstück kann komplett in einer Pfanne zubereitet werden. Für eine schöne Optik sollten die Zutaten allerdings getrennt gehalten werden. Wenn es in Ihrem Supermarkt keine Baked Beans gibt, greifen Sie einfach zu weißen oder Kidneybohnen.

Wenn Sie dieses Rezept mögen, probieren Sie auch Hashed Browns mit Speck & Eiern auf Seite 20.

1 EL Butter oder natives Olivenöl extra • 1 kleine Zwiebel, fein gehackt • 400 g gehackte Tomaten aus der Dose • Meersalz und frisch gemahlener schwarzer Pfeffer • 4 kleine rohe Bratwürste • 2 Bio-Eier • ½ TL getrockneter Oregano • frische Oregano- oder Petersilienblätter, zum Garnieren • Toastbrot, frisch getoastet, zum Servieren

FÜR 2 PERSONEN VORBEREITUNG: 10 MINUTEN GARZEIT: 15 MINUTEN

RUSTIKALER BAUERNSCHMAUS

MIT TOMATEN, BRATWURST & EIERN

1. Butter oder Öl in einer großen Pfanne erhitzen. Die Zwiebel darin bei mittlerer Hitze 3–4 Minuten weich dünsten. **2. Die Tomaten** zufügen. Salzen und pfeffern. Die Hitze auf niedrige Stufe reduzieren und alles etwa 10 Minuten eindicken lassen. **3. Inzwischen die Würste** mehrmals mit einer Gabel einstechen und in einer kleinen Pfanne ohne Fettzugabe bei mittlerer Hitze goldbraun und gar braten. Warm halten. **4. Die Eier** in die Tomaten aufschlagen und etwa 5 Minuten garen, bis das Eiweiß gestockt und das Eigelb nach Geschmack fest ist. **5. Die Würste** dazugeben und mit der Tomatensauce überziehen. **6. Mit getrocknetem Oregano** würzen und frischem Oregano oder Petersilie garnieren. **7.** Sofort mit frischem Toast servieren.

Bei den Bratwürsten sollten Sie unbedingt auf beste Qualität mit möglichst hohem Fleischanteil achten. Nach Belieben können Sie auch Geflügel- oder vegetarische Bratwürste verwenden.

Wenn Sie dieses Rezept mögen, probieren Sie auch Englisches Frühstück auf Seite 24.

ZWIEBEL-BHAJIS
MIT RAITA

RAITA

180 g stichfester Naturjoghurt • 2 EL fein gehackte frische Minze • 1 kleine Knoblauchzehe, fein gehackt • Meersalz und frisch gemahlener schwarzer Pfeffer

BHAJIS

2 mittelgroße weiße Zwiebeln, abgezogen • 100 g Kichererbsenmehl (Grammehl) • ½ TL Backpulver • 2 TL mildes oder scharfes Currypulver • 1 rote oder grüne Chili, entkernt und fein gehackt • Meersalzflocken • 150 ml kaltes Wasser • 500 ml Pflanzenöl, zum Ausbacken

FÜR 6 PERSONEN VORBEREITUNG: 20 MINUTEN GARZEIT: 15–20 MINUTEN

RAITA **1. Den Joghurt** in einer Schale mit Minze und Knoblauch verrühren. Mit Salz und Pfeffer abschmecken. Bis zum Servieren abgedeckt kalt stellen.

BHAJIS **2. Eine Zwiebel** fein hacken, die andere in feine Ringe schneiden. **3. Mehl** und Backpulver in eine Schüssel sieben. Currypulver und Chili untermischen. Mit Salz würzen. Das Wasser zugießen und rühren, bis ein glatter, dicker Teig entstanden ist. Gehackte Zwiebel und Zwiebelringe unterheben, bis die Ringe vollständig mit Teig eingehüllt sind. **4.** Den Backofen auf 150 °C vorheizen. Ein Backblech mit mehreren Schichten Küchenpapier auslegen. **5. Pflanzenöl** etwa 5 cm hoch in eine große, hohe Pfanne oder einen Wok gießen und auf 185 °C erhitzen. Wenn Sie kein Küchenthermometer haben, zum Test etwas Teig ins heiße Öl tropfen lassen. Wenn sich sofort Bläschen darum herum bilden und der Teig rasch bräunt, hat das Fett die richtige Temperatur. **6.** Portionsweise esslöffelgroße Teigmengen ins heiße Fett geben und unter einmaligem Wenden insgesamt 3–4 Minuten goldbraun und knusprig ausbacken.

Bhajis sind ein pikanter Snack aus Indien. Sie werden in der Regel mit Zwiebelringen zubereitet und können nach Belieben mehr oder weniger scharf mit Currypulver und Chili gewürzt werden.

• Wenn Sie dieses Rezept mögen, probieren Sie auch Aloo Paratha (Indisches Pfannenbrot mit Kartoffelfüllung) auf Seite 104.

FRITTIERTE CALAMARI

MIT EINFACHER REMOULADE

FÜR 4–6 PERSONEN VORBEREITUNG: 15 MINUTEN GARZEIT: 20–25 MINUTEN

CALAMARI

75 g Weizenmehl • Meersalz und frisch gemahlener schwarzer Pfeffer • 2 große Bio-Eier • 300 g feine Semmelbrösel • 50 g fein gehackte Mandeln • 1 TL rote Chiliflocken • 500 ml Pflanzenfett, zum Ausbacken • 400 g küchenfertige frische Kalmarmäntel, in 5 mm breiten Ringen • 1 Zitrone, in Scheiben geschnitten, zum Garnieren

REMOULADE

250 ml Mayonnaise • 3 EL Kapern in Lake, abgetropft und gehackt • 3 EL fein gehackte Essiggurken • 1 kleine Schalotte, fein gehackt • 1 TL frisch gepresster Zitronensaft • Meersalz und frisch gemahlener schwarzer Pfeffer

1. Das Mehl mit etwas Salz und Pfeffer in einer flachen Form vermengen. Die Eier in einer zweiten flachen Form verquirlen. Semmelbrösel, Mandeln und Chiliflocken in einer dritten Form vermengen. **2. Die Kalmarringe** im Mehl wenden und überschüssiges Mehl vorsichtig abklopfen. Dann ins Ei tauchen und zuletzt in der Semmelbröselmischung wenden. **3. Das Öl** in einer großen hohen Pfanne auf 185 °C erhitzen. Wenn Sie kein Küchenthermometer haben, zum Test den Stiel eines hölzernen Kochlöffels ins heiße Fett halten. Wenn sich sofort Bläschen darum herum bilden, hat das Fett die richtige Temperatur. **4. Die Kalmarringe** portionsweise etwa 5 Minuten im heißen Fett goldbraun und knusprig ausbacken. **5.** Mit einem Schaumlöffel herausnehmen und auf Küchenpapier abtropfen lassen. **6.** Sofort mit Zitrone und Remoulade servieren.

Verwenden Sie für diese schnelle Remoulade, die einfach fantastisch zu den Calamari schmeckt, eine gute Mayonnaise aus dem Supermarkt. Noch besser schmeckt sie natürlich mit einer selbst zubereiteten Mayonnaise.

Wenn Sie dieses Rezept mögen, probieren Sie auch Pikante Garnelen (in cremiger Knoblauchsauce) auf Seite 70.

FALAFEL MIT JOGHURTSAUCE

FÜR 8–12 PERSONEN VORBEREITUNG: 30 MINUTEN + 12 STUNDEN EINWEICHEN GARZEIT: 20–30 MINUTEN

FALAFEL

250 g getrocknete Dicke Bohnen • 150 g getrocknete Kichererbsen • 30 g frische Korianderblätter • 15 g frische Petersilienblätter • 6 Knoblauchzehen, fein gehackt • 1 kleine Zwiebel, gehackt • 4 Frühlingszwiebeln, gehackt • 1 EL Weizenmehl • 2 TL Meersalzflocken • 1 TL frisch gemahlener schwarzer Pfeffer • 1 TL gemahlener Koriander • ½ TL Backpulver • ½ TL rote Chiliflocken • ½ TL gemahlener Kreuzkümmel • 250 ml Pflanzenöl, zum Ausbacken

JOGHURTSAUCE

250 g Naturjoghurt • 2 EL fein gehackter frischer Dill • Saft von ½ Zitrone • 1 kleine Knoblauchzehe, fein gehackt • ½ TL Meersalzflocken • ¼ TL frisch gemahlene Pfeffermischung • 1–2 TL natives Olivenöl extra • Pitabrot, zum Servieren

FALAFEL **1. Bohnen** und Kichererbsen in einer großen Schüssel mit kaltem Wasser bedecken und über Nacht einweichen. Das Wasser abgießen und die Hülsenfrüchte unter fließend kaltem Wasser sorgfältig abspülen. **2. Die Hülsenfrüchte** abtropfen lassen und im Mixer zerkleinern, bis die Masse eine semmelbröselartige Konsistenz hat. In eine große Schüssel füllen. **3. Koriander,** Petersilie, Knoblauch, Zwiebel, Frühlingszwiebeln, Mehl, Salz, Pfeffer, gemahlenen Koriander, Backpulver, Chiliflocken und Kreuzkümmel in den Mixer geben und zu einer Paste verarbeiten. **4. Die Masse** zu den Hülsenfrüchten geben und von Hand sorgfältig vermengen. Wenn die Masse zu trocken ist, 1–2 Esslöffel kaltes Wasser einarbeiten. **5. Das Öl** 2,5 cm hoch in eine große, hohe Pfanne füllen und auf etwa 185 °C erhitzen. Wenn Sie kein Küchenthermometer haben, zum Test einen Brotwürfel ins heiße Öl geben. Wenn sich sofort Bläschen darum herum bilden und der Brotwürfel rasch bräunt, hat das Fett die richtige Temperatur. **6. Mit einem** Eisportionierer oder einem Löffel Portionen aus der Masse ausstechen und zu kompakten Kugeln nachformen. **7. Die Falafel** portionsweise ins heiße Fett gleiten lassen und 4–5 Minuten von allen Seiten goldbraun und knusprig ausbacken. **8. Die Falafel** mit einem Schaumlöffel herausnehmen und auf Küchenpapier abtropfen lassen.

JOGHURTSAUCE **9. Den Joghurt** mit Dill, Zitronensaft, Knoblauch, Salz und Pfeffer in einer Schale verrühren. Mit dem Olivenöl beträufeln. **10. Die Falafel** sofort mit der Joghurtsauce und Pitabrot servieren.

Falafeln stammen aus dem Nahen Osten, wo sie aus Kichererbsen oder aus Dicken Bohnen zubereitet werden. In unserem Rezept verwenden wir eine Mischung aus beiden Hülsenfrüchten.

• Wenn Sie dieses Rezept mögen, probieren Sie auch Kichererbsen-Spinat-Bratlinge mit Salsa Mexicana auf Seite 96.

DOLMADES MIT LAMM-REIS-FÜLLUNG

FÜR 4–8 PERSONEN VORBEREITUNG: 45 MINUTEN + 1–24 STUNDEN ABKÜHLEN GARZEIT: 50–60 MINUTEN

DOLMADES

1 EL natives Olivenöl extra • 1 Zwiebel, fein gehackt • 1 Knoblauchzehe, fein gehackt • 250 g Lammhackfleisch • ½ TL Meersalzflocken • 250 g gegarter Rundkornreis • 1 EL fein gehackte frische Petersilie • 1 EL fein gehackter frischer Koriander • 1 TL getrocknete Minze • ¼ TL Zimt • ½ TL frisch abgeriebene Biozitronenschale • 1 TL frisch gepresster Zitronensaft • 1 EL Pinienkerne, gehackt • frisch gemahlener schwarzer Pfeffer • 12 Weinblätter, frisch oder in Lake

SAUCE

2 EL natives Olivenöl extra • 4 Schalotten, in feine Ringe geschnitten • 2 Karotten, klein gewürfelt • 2 Knoblauchzehen, fein gehackt • 1 TL fein abgeriebene Biozitronenschale • 1 EL frisch gepresster Zitronensaft • 1 TL Zucker • 250 ml Hühner- oder Rinderbrühe • Meersalz und frisch gemahlener schwarzer Pfeffer • frische Kräuter, zum Garnieren

SAUCE **1. Das Öl** in einer großen, schweren Pfanne erhitzen. Schalotten, Karotten und Knoblauch darin bei mittlerer Hitze 3–4 Minuten dünsten. **2. Zitronenschale,** Zitronensaft, Zucker und Brühe zufügen. Salzen und pfeffern und bei niedriger Hitze etwa 15 Minuten köcheln lassen, bis das Gemüse weich ist. Beiseitestellen.
DOLMADES **3. Das Öl** in einer mittelgroßen Pfanne erhitzen. Zwiebel und Knoblauch darin bei mittlerer Hitze 3–4 Minuten weich dünsten. Vom Herd nehmen. **4. Lamm,** Salz, Reis, Petersilie, Koriander, Minze, Zimt, Zitronenschale, Zitronensaft und Pinienkerne in einer Schüssel vermengen und mit Pfeffer würzen. Die angedünstete Zwiebelmischung einarbeiten. **5.** Die Schüssel mit Frischhaltefolie abdecken und die Hackfleischmischung mindestens 1 Stunde und bis zu 24 Stunden im Kühlschrank ziehen lassen. **6.** Wenn frische Weinblätter verwendet werden, möglichst kleine, helle und zarte Blätter auswählen. Auf 12 cm x 12 cm zuschneiden und die Stiele entfernen. In Salzwasser 1–2 Minuten blanchieren und unter fließend kaltem Wasser abschrecken. Auf einem sauberen Trockentuch ausbreiten und trocknen lassen. **7. Eingelegte Weinblätter** mit kochendem Wasser überbrühen und 10 Minuten darin ziehen lassen. Auf einem sauberen Trockentuch ausbreiten und trocknen lassen. **8.** Eine schwere Pfanne auswählen, die groß genug ist, dass alle 12 Dolmades nebeneinander Platz finden. **9. Die Weinblätter** auf einer sauberen Arbeitsfläche mit der glänzenden Seite nach unten auslegen. Je 2–3 Esslöffel Lamm-Reis-Füllung in die Mitte setzen und die Seiten darüberschlagen. Die Weinblätter fest aufrollen. Mit der Naht nach unten dicht nebeneinander in die Pfanne setzen. **10. Die Dolmades** mit der Sauce überziehen, sodass sie knapp bedeckt sind. Gegebenenfalls mit Wasser auffüllen. Damit die Dolmades sich beim Garen nicht auflösen, einen hitzebeständigen Teller zum Beschweren direkt auf die Dolmades setzen. **11.** Bei mittlerer Hitze auf den Herd setzen und zum Köcheln bringen. Dann die Hitze auf niedrige Stufe reduzieren und bei aufgesetztem Deckel 40–45 Minuten sehr sanft köcheln lassen. **12. Mit den Kräutern** bestreuen und warm oder kalt servieren.

Dolmades, gefüllte Weinblätter, sind in Südosteuropa und dem östlichen Mittelmeerraum weit verbreitet und sehr beliebt. Sie ergeben eine wunderbare Vorspeise, können aber auch warm als Hauptgericht serviert werden. Dieses Rezept reicht für acht Personen als Vorspeise bzw. für vier Personen als Hauptgang.

Wenn Sie dieses Rezept mögen, probieren Sie auch Hühnchen-Biryani auf Seite 48.

500 g küchenfertige Miesmuscheln in der Schale • 4 EL natives Olivenöl extra • 1 Zwiebel, fein gehackt • 2 Knoblauchzehen, fein gehackt • 1 kleine rote Chili, entkernt und fein gehackt • 400 g küchenfertiger Kalmar, in Ringe geschnitten • 1 kleiner Brokkoli, in Röschen zerteilt • Meersalz und frisch gemahlener weißer Pfeffer • 400 g Risottoreis, z. B. Arborio • 4 EL Weißwein • 1,5 l kochende Gemüsebrühe • 500 g Garnelen, ausgelöst • 2 EL Butter • frische Petersilie, zum Garnieren

FÜR 4–6 PERSONEN VORBEREITUNG: 20 MINUTEN GARZEIT: 40–50 MINUTEN

REIS MIT MEERESFRÜCHTEN

1. Die Miesmuscheln mit etwas Wasser oder Weißwein in einen großen Topf geben, den Deckel aufsetzen und bei mittlerer bis starker Hitze 5–10 Minuten dünsten, bis sie sich geöffnet haben. Exemplare, die sich nicht geöffnet haben, aussortieren. **2. 2 Esslöffel Öl** in einem großen Topf erhitzen. Die Zwiebel darin 3–4 Minuten bei mittlerer Hitze weich dünsten. **3. Knoblauch** und Chili untermischen. Die Kalmarringe zufügen und bei mittlerer Hitze 5–7 Minuten garen. **4. Den Brokkoli** untermischen. Salzen und pfeffern. Bei niedriger Hitze weitergaren. **5. Das restliche Öl** in einer mittleren Pfanne erhitzen. Den Reis zufügen und bei starker Hitze 2 Minuten rühren. **6. Den Reis** zu den Kalmarringen geben. Den Wein zugießen und 2–3 Minuten einkochen lassen. **7. So viel Brühe** zugießen, dass der Reis gut bedeckt ist. Die Hitze reduzieren und bei geschlossenem Deckel etwa 15 Minuten garen. **8. Garnelen** und Muscheln zufügen und garen, bis sie heiß sind. Wenn der Reis gar ist, aber immer noch etwas Biss hat, die Butter unterziehen. **9. Mit Petersilie** garnieren und sofort servieren.

Dieses Gericht wird manchmal auch als „Risotto" bezeichnet, was nicht ganz korrekt ist. Denn ein Risotto wird beim Garen ständig gerührt, um die Stärke aus den Reiskörnern zu lösen, sodass das fertige Gericht seine typische cremige Konsistenz erhält. Diese allerdings harmoniert nicht so gut mit den Aromen der Meeresfrüchte. Deshalb wird der Reis in diesem Rezept ohne konstantes Rühren zubereitet.

Wenn Sie dieses Rezept mögen, probieren Sie auch Arroz Negro mit Meeresfrüchten auf Seite 38.

3 EL natives Olivenöl extra • Knoblauchzehen, fein gehackt • 1 mittelgroße weiße Zwiebel, fein gehackt • 750 g Kalmarringe • 250 g Oktopustentakel, in kurzen Stücken • Meersalzflocken • 2½ EL Tintenfischtinte • 1 EL Tomatenmark • 1,5 l heißer Fischfond oder Gemüsebrühe • 400 g Paellareis • 120 ml trockener Weißwein • 250 g Garnelen, ausgelöst • frisch gehackte Petersilie, zum Garnieren

FÜR 4–6 PERSONEN VORBEREITUNG: 20 MINUTEN GARZEIT: 45 MINUTEN

ARROZ NEGRO MIT MEERESFRÜCHTEN

1. 2 **Esslöffel Öl** in einer Paellapfanne oder großen Bratpfanne erhitzen. Knoblauch und Zwiebel darin bei mittlerer Hitze 3–4 Minuten weich dünsten. **2. Kalmarringe** und Oktopus mit 1 Prise Salz zufügen und 30–40 Minuten sehr sanft dünsten, bis die Meeresfrüchte gar sind. **3.** Inzwischen die Tinte mit Tomatenmark und Brühe verrühren. **4.** Wenn die Tintenfischstücke gar sind, etwa 1 Esslöffel für die Garnierung abnehmen und auf einem Teller beiseitelegen. Den Reis in die Pfanne geben und unter den Tintenfisch mischen. Den Wein zugießen und 2–3 Minuten rühren, bis er verdampft ist. **5.** Die angerührte Tinte zugießen und den Reis auf niedriger Stufe unter gelegentlichem Rühren sanft köcheln lassen. Gegebenenfalls etwas heiße Brühe oder kochendes Wasser zufügen. **6.** Inzwischen das restliche Öl in einer kleinen Pfanne erhitzen. Die Garnelen darin bei mittlerer bis starker Hitze anbraten, bis sie rosa und gar sind. Warm halten. **7. Wenn der Reis** gar ist und alle Flüssigkeit aufgesogen ist, die Pfanne vom Herd nehmen. Den Reis mit Salz abschmecken. Die Garnelen auf dem Reis verteilen und mit den beiseitegelegten Tintenfischen garnieren. **8. Mit Petersilie** bestreuen und sofort servieren.

Dieses optisch auffällige spanische Gericht wird manchmal auch „schwarze Paella" genannt. Tintenfischtinte gibt es in kleinen Packungen in Feinkostgeschäften oder übers Internet.

● Wenn Sie dieses Rezept mögen, probieren Sie auch Reis mit Meeresfrüchten auf Seite 36.

PILZRISOTTO

2 EL natives Olivenöl extra •
2 EL Butter • 1 kleine Zwiebel, fein gehackt •
1 Knoblauchzehe, fein gehackt • 500 g kleine Champignons, in Scheiben geschnitten • 400 g Risottoreis, z. B. Arborio oder Carnaroli •
90 ml trockener Weißwein • 1,5 l kochend heiße Gemüsebrühe •
60 g frisch geriebener Parmesan • frisch gemahlener schwarzer Pfeffer •
2 EL fein gehackter frischer Thymian

FÜR 4–6 PERSONEN VORBEREITUNG: 20 MINUTEN GARZEIT: 30–35 MINUTEN

1. Das Öl und 1 Esslöffel Butter in einer großen Pfanne bei mittlerer Hitze zerlassen. Zwiebel und Knoblauch darin 3–4 Minuten dünsten. **2. Die Pilze** zufügen und 3–4 Minuten dünsten, bis sie weich werden. **3. Den Reis** zugeben und etwa 2 Minuten unter Rühren andünsten, bis er glasig ist. Den Wein zugießen und 2–3 Minuten garen, bis er verkocht ist. **4. Den Reis** 15–18 Minuten garen. Dabei die Brühe kellenweise zugießen und ständig rühren, bis sie vom Reis aufgesogen ist. **5. Restliche Butter** und Parmesan unterziehen. Mit Pfeffer abschmecken. Den Thymian untermischen. **6.** Die Pfanne vom Herd nehmen und das Risotto 2–3 Minuten ausdampfen lassen. **7.** Sofort servieren.

Ein perfektes Risotto sollte eine cremige Konsistenz haben. Das gelingt, wenn Sie zum einen den richtigen Reis verwenden, am besten die Sorten Arborio und Carnaroli. Zum anderen sollten Sie den Reis beim Garen ständig rühren, damit die Stärke aus dem Reis gelöst wird.

Wenn Sie dieses Rezept mögen, probieren Sie auch Gemüserisotto auf Seite 42.

GEMÜSERISOTTO

4 EL natives Olivenöl extra • 2 kleine weiße Zwiebeln, fein gehackt, getrennt • 1 Karotte, klein gewürfelt • 1 Knoblauchzehe, angedrückt, aber ganz • 150 g frischer oder TK-Gemüsemais • 250 g grüne Bohnen, in kurzen Stücken • 150 g frische oder TK-Erbsen • 2 kleine Tomaten, gehäutet und klein gewürfelt • 1 kleine rote Paprika, klein gewürfelt • Meersalz und frisch gemahlener schwarzer Pfeffer • 400 g Risottoreis (Arborio, Carnaroli) • 120 ml trockener Weißwein • 1,5 l kochend heiße Hühnerbrühe • 2 EL Butter • 60 g frisch geriebener Parmesan • 1 kleine rote Zwiebel, in feine Streifen geschnitten

FÜR 4–6 PERSONEN VORBEREITUNG: 15 MINUTEN GARZEIT: 35–40 MINUTEN

1. 2 **Esslöffel Öl** in einer großen Pfanne erhitzen. Eine Zwiebel, Karotte und Knoblauch darin 4–5 Minuten bei mittlerer Hitze weich dünsten. **2. Mais**, Bohnen, Erbsen, Tomaten und Paprika zufügen. Salzen und pfeffern und 6–8 Minuten knackig gar dünsten. Auf einen großen Teller geben. **3. Das restliche Öl** in der Pfanne erhitzen und die zweite Zwiebel darin 3–4 Minuten bei mittlerer Hitze andünsten. **4. Den Reis** zufügen und bei mittlerer bis starker Hitze etwa 2 Minuten rühren, bis er glasig ist. **5. Mit dem Wein** ablöschen und 2–3 Minuten rühren, bis er verdampft ist. **6.** Die Hitze auf mittlere bis niedrige Stufe reduzieren. Den Reis 15–18 Minuten garen. Dabei die Brühe kellenweise zugießen und ständig rühren, bis sie vom Reis aufgesogen ist. **7. Das Gemüse** mit Butter, Parmesan und roter Zwiebel unterziehen. Die Pfanne vom Herd nehmen, den Deckel aufsetzen und den Reis 2–3 Minuten ruhen lassen. **8.** Sofort servieren.

Sie können das Gemüse je nach Saison und Angebot variieren. Sehr schmackhafte Alternativen sind zum Beispiel Pilze, Zucchini und Artischockenherzen.

Wenn Sie dieses Rezept mögen, probieren Sie auch Pilzrisotto auf Seite 40.

Meeresfrüchtepaella

FÜR 6 PERSONEN VORBEREITUNG: 30 MINUTEN GARZEIT: 40–45 MINUTEN

3 EL natives Olivenöl extra • 2 mittelgroße Zwiebeln, gewürfelt • 3 Knoblauchzehen, fein gehackt • 250 g küchenfertiger Kalmar, in kleinen Stücken • 1 rote Paprika, gewürfelt • 4 mittelgroße Tomaten, gewürfelt • 400 g Paella-Reis, z. B. Bomba oder Goya • 1 TL Safranfäden, eingeweicht in 3 EL heißem Wasser • 1 EL geräuchertes Paprikapulver edelsüß • 120 ml trockener Weißwein • 1,5 l kochend heiße Fischbrühe • 12 Miesmuscheln in der Schale, gesäubert • 250 g Venusmuscheln in der Schale, gesäubert • 12 mittelgroße rohe Garnelen, ausgelöst und Darmfäden entfernt, aber mit intaktem Schwanzende • 500 g festes weißes Fischfilet, in mundgerechten Stücken • 75 g TK-Erbsen • 250 g grüne Bohnen, in kurzen Stücken • 10 g frisch gehackte Petersilie • Meersalz und frisch gemahlener schwarzer Pfeffer • 2 Zitronen, in Spalten

1. Das Öl in einer Paellapfanne oder großen Bratpfanne erhitzen. Zwiebel, Knoblauch und Kalmar darin bei mittlerer bis starker Hitze 3–4 Minuten dünsten, bis die Zwiebeln weich werden. **2. Paprika** und Tomaten zufügen und etwa 5 Minuten mitgaren. **3. Reis,** Safranwasser und Paprikapulver einrühren. Den Wein zugießen und 1–2 Minuten rühren. **4. Die Fischbrühe** zugießen. Die Hitze auf niedrige Stufe reduzieren und den Reis 20 Minuten unter gelegentlichem Rühren köcheln lassen. **5. Muscheln,** Garnelen, Fischstücke, Erbsen und Bohnen zufügen und ohne Rühren 5–10 Minuten dünsten, bis Fisch und Garnelen gar sind und die Muscheln sich geöffnet haben. **6.** Die Pfanne vom Herd nehmen, mit Alufolie abdecken und den Reis 10 Minuten ruhen lassen. **7. Muscheln,** die sich nicht geöffnet haben, aussortieren. Mit Salz und Pfeffer abschmecken. Mit der Petersilie garnieren und servieren.

Paella, das bekannteste spanische Reisgericht, stammt aus der Region Valencia. Das ursprüngliche Rezept ist mittlerweile tausendfach variiert, und diese Version mit Meeresfrüchten gehört zu den beliebtesten. Fast alle Paellas werden mit Safran aromatisiert und gefärbt.

● Wenn Sie dieses Rezept mögen, probieren Sie auch Paella „Surf & Turf“ (Fleisch-und-Fisch-Paella) auf Seite 46.

PAELLA „SURF & TURF"

FLEISCH-UND-FISCH-PAELLA

4 EL natives Olivenöl extra •
3 Knoblauchzehen, abgezogen •
1 kleines Brathähnchen (oder Kaninchen), ausgelöst und in mundgerechten Stücken • 600 g Paella-Reis, z. B. Bomba oder Goya •
1,5 l kochend heißes Wasser • 1 kg Garnelen, ausgelöst und Darmfäden entfernt •
2 Maiskolben, erst längs und dann quer halbiert • 150 g TK-Erbsen • 500 g Miesmuscheln in der Schale, gesäubert • 500 g Thunfischfilet, gewürfelt • Meersalz und frisch gemahlener schwarzer Pfeffer • 1 Lorbeerblatt • 10 Safranfäden • 1 EL fein gehackte frische Petersilie, zum Garnieren

FÜR 8–10 PERSONEN VORBEREITUNG: 30 MINUTEN GARZEIT: 45–50 MINUTEN

1. Den Backofen auf 200 °C vorheizen. **2. Das Öl** in einer Paellapfanne oder großen ofenfesten Bratpfanne erhitzen. Die Knoblauchzehen darin bei mittlerer Hitze etwa 3 Minuten goldgelb anbraten. Dann die Zehen entfernen. **3. Das Hähnchen-** oder Kaninchenfleisch 5 Minuten im Knoblauchöl anbraten. **4. Den Reis** zufügen und unter ständigem Rühren 3 Minuten glasig dünsten. Mit dem Wasser ablöschen und zum Kochen bringen. **5. Garnelen,** Mais, Erbsen, Muscheln und Thunfisch untermischen. Salzen und pfeffern. Lorbeerblatt und Safranfäden zufügen. Bei niedriger Hitze 15–20 Minuten köcheln lassen, bis die Flüssigkeit fast aufgesogen ist. Der Reis sollte noch etwas Biss haben. **6. Muscheln,** die sich nicht geöffnet haben, aussortieren. **7. Die Paella** 10 Minuten im vorgeheizten Ofen fertig garen. Die Pfanne wieder herausnehmen, mit Alufolie abdecken und die Paella 10 Minuten ruhen lassen.

In Spanien wird Paella in einer speziellen großen, flachen Pfanne zubereitet, sodass die Kontaktfläche auf dem Pfannenboden recht groß ist und sich darauf eine herrlich leckere Reiskruste bilden kann. Besonders gut eignen mittel- oder rundkörnige Reissorten wie Bomba oder Goya.

● Wenn Sie dieses Rezept mögen, probieren Sie auch Meeresfrüchtepaella auf Seite 44.

250 g Naturjoghurt • 3 Knoblauchzehen, zerdrückt • 2 TL fein gehackte frische Ingwerwurzel • 1½ EL frisch gepresster Zitronensaft • 750 g ausgelöste Hähnchenkeulen, in 4 cm großen Stücken • 300 g Basmatireis • 6 EL Pflanzenöl oder Ghee • 4 große weiße Zwiebeln, fein gewürfelt • 1 TL Meersalzflocken • 1 frische grüne Chili, entkernt und fein gehackt • 4 Kardamomkapseln • 2 Lorbeerblätter • 1 Zimtstange, längs halbiert • 1 TL Garam Masala • 1 TL gemahlener Koriander • 1 TL gemahlener Kreuzkümmel • ¼ TL Kurkuma • ¼ TL gemahlene Gewürznelken • 1½ TL Safranfäden, eingeweicht in 120 ml Wasser • 40 g Cashewkerne, geröstet • 2 EL Rosinen

FÜR 6–8 PERSONEN VORBEREITUNG: 30 MINUTEN + 2–4 STUNDEN MARINIEREN
GARZEIT: 40–50 MINUTEN

HÜHNCHEN-BIRYANI

1. Joghurt, Knoblauch, Ingwer und Zitronensaft in einer Schüssel verrühren. Das Hähnchenfleisch untermischen. Mit Frischhaltefolie abgedeckt 2–4 Stunden im Kühlschrank marinieren. **2. Den Reis** in eine Schüssel geben, mit kaltem Wasser bedecken und 1 Stunde quellen lassen. Das Wasser abgießen und den Reis unter fließend kaltem Wasser abspülen, bis das Wasser klar ist. **3. 4 Esslöffel Öl** oder Ghee in einer großen Pfanne erhitzen. Die Zwiebeln darin bei niedriger bis mittlerer Hitze 7–9 Minuten goldbraun anbraten. Auf einen Teller geben. **4.** Einen mittelgroßen Topf Wasser zum Kochen bringen. Salz und Reis zufügen und 5 Minuten bei mittlerer Hitze kochen. Das Wasser abgießen und den Reis in einer dünnen Schicht auf einem Backblech ausbreiten und abkühlen lassen. **5. Das restliche Öl** oder Ghee in einer großen Pfanne oder einem Wok erhitzen. Chili, Kardamomkapseln, Lorbeer, Zimt, Garam Masala, Koriander, Kreuzkümmel, Kurkuma und Nelken darin bei mittlerer bis starker Hitze etwa 1 Minute garen, bis die Gewürze zu duften beginnen. **6. Das Hähnchenfleisch** samt Marinade zufügen und zum Kochen bringen. Den Deckel aufsetzen und die Hitze auf mittlere bis niedrige Stufe reduzieren. Unter gelegentlichem Rühren 10–15 Minuten köcheln lassen, bis das Fleisch fast gar ist. **7. Die Hälfte der Zwiebeln** auf dem Boden einer großen gusseisernen Pfanne verteilen. Die Hälfte von Fleisch und Reis daraufschichten. Die restlichen Zwiebeln darauf verteilen und mit der Hälfte des Safranwassers besprengen. Fleisch- und Reisschicht wiederholen und mit dem restlichen Safranwasser besprengen. Cashewkerne und Rosinen darauf verteilen. **8.** Die Pfanne mit Alufolie bedecken und einen dicht schließenden Deckel daraufsetzen. Bei niedrigster Hitze etwa 20 Minuten garen, bis der Reis weich ist. **9.** Sofort servieren.

Biryani ist ein Reisgericht, das vermutlich aus dem Norden Indiens stammt, sich heute aber überall großer Beliebtheit erfreut und in vielen Varianten zubereitet wird. In unserer Version wird Hühnchenfleisch verwendet. Das abschließende Garen kann im Ofen oder auf dem Herd erfolgen.

Wenn Sie dieses Rezept mögen, probieren Sie auch Zwiebel-Bhajis mit Raita auf Seite 28.

500 g Penne • 4 EL natives Olivenöl extra • 4 Knoblauchzehen, fein gehackt • 150 g Bratwurst, in Scheiben geschnitten • 750 g Cocktailtomaten, halbiert • 1–2 frische rote Chilis, in feine Ringe geschnitten • Meersalz und frisch gemahlener schwarzer Pfeffer • frische Basilikumblätter, zum Garnieren • frisch geriebener Parmesan, zum Servieren

FÜR 4–6 PERSONEN VORBEREITUNG: 10 MINUTEN GARZEIT: 10–15 MINUTEN

PIKANTE PENNE
MIT COCKTAILTOMATEN & WURST

1. Einen großen Topf Salzwasser zum Kochen bringen und die Pasta darin 10–12 Minuten al dente kochen. **2.** Inzwischen das Öl in einer großen Pfanne erhitzen. Knoblauch und Wurstscheiben darin bei mittlerer Hitze 2–3 Minuten braten, bis der Knoblauch goldgelb wird. **3. Tomaten** und Chilis zufügen und etwa 5 Minuten köcheln lassen, bis die Tomaten weich werden. Mit Salz und Pfeffer abschmecken. **4. Die Pasta** gut abtropfen lassen, dann unter die Tomatensauce mischen und wieder heiß werden lassen. **5. Mit Basilikum** garnieren und sofort mit dem Parmesan servieren.

Diese herzhaft-pikante Tomatensauce schmeckt auch zu Vollkornpasta. Neben Penne können Sie auch jede andere kurze Pastaform wie Fusili oder Cavatappi verwenden.

Wenn Sie dieses Rezept mögen, probieren Sie auch Spaghetti mit Pancetta & Spinat auf Seite 56.

VOLLKORNSPAGHETTI

MIT GARNELEN & BROKKOLI

1 kleiner Brokkoli, in Röschen zerteilt • 500 g Vollkornspaghetti • 4 EL natives Olivenöl extra • 4 Knoblauchzehen, fein gehackt • 350 g rohe Garnelen, Köpfe abgetrennt • 500 g Cocktailtomaten • 1 TL rote Chiliflocken • Meersalz und frisch gemahlener schwarzer Pfeffer • frische Basilikumblätter, zum Garnieren • frisch geriebener Parmesan, zum Servieren

FÜR 4–6 PERSONEN VORBEREITUNG: 10 MINUTEN GARZEIT: 10–15 MINUTEN

1. Salzwasser in einem großen Topf zum Kochen bringen. Den Brokkoli darin 3–4 Minuten knackig gar kochen. Mit einem Schaumlöffel herausnehmen und beiseitestellen. **2. Nun die Pasta** ins kochende Salzwasser geben und 10–12 Minuten al dente kochen. **3. Inzwischen 2 Esslöffel Öl** in einer großen Pfanne erhitzen. Die Garnelen mit der Hälfte des Knoblauchs darin bei mittlerer Hitze 3–4 Minuten braten, bis sie rosa und gar sind. Mit einem Schaumlöffel herausnehmen und beiseitestellen. **4. Nun das restliche Öl** in der Pfanne erhitzen. Tomaten und Chiliflocken zufügen und etwa 5 Minuten garen, bis die Tomaten weich werden. Mit Salz und Pfeffer abschmecken. **5. Die Pasta** gut abtropfen lassen, dann unter die Tomatensauce mischen. Brokkoli und Garnelen untermengen und alles wieder heiß werden lassen. **6. Mit Basilikum** garnieren und sofort mit dem Parmesan zum Bestreuen servieren.

Dieses gesunde Gericht ist schnell zubereitet und ideal, um spontan Freunde in entspannter, lässiger Runde zu bewirten. Es schmeckt noch besser mit einem Gläschen Wein.

• Wenn Sie dieses Rezept mögen, probieren Sie auch Pikante Udonnudeln mit Garnelen auf Seite 60.

BUCATINI ALLA CARBONARA

500 g Bucatini • 4 EL natives Olivenöl extra • 1 mittelgroße weiße Zwiebel, fein gehackt • 150 g Frühstücksspeck, in Streifen geschnitten • 4–6 große Bio-Eier • 90 g Schlagsahne • Meersalz und frisch gemahlener schwarzer Pfeffer • 100 g frisch geriebener Pecorino oder Parmesan

FÜR 4–6 PERSONEN VORBEREITUNG: 30 MINUTEN GARZEIT: 10–12 MINUTEN

1. Salzwasser in einem großen Topf zum Kochen bringen und die Pasta darin 10–12 Minuten al dente kochen. **2. Inzwischen das Öl** in einer kleinen Pfanne erhitzen. Die Zwiebel darin bei mittlerer Hitze 3–4 Minuten weich dünsten. **3. Den Speck** zufügen und etwa 5 Minuten knusprig und goldbraun braten. Aus der Pfanne nehmen und grob zerkleinern. Beiseitestellen. **4. Eier** und Sahne in einer Schüssel mit einer Gabel verquirlen. Salzen und pfeffern. Den Käse unterrühren. **5. Die Pasta** gut abtropfen lassen und wieder in den Topf geben. Zwiebeln und Speck untermischen. Den Topf bei starker Hitze wieder auf den Herd setzen. Die Eiermischung zugießen und unter Wenden leicht stocken lassen. **6.** Mit reichlich frisch gemahlenem Pfeffer abschmecken und sofort servieren.

Dieses klassische römische Gericht wurde angeblich erfunden, als alliierte Truppen gegen Ende des Zweiten Weltkriegs die hungernde italienische Hauptstadt erreichten. Aus den reichlich mitgeführten Speck- und Eierrationen kreierten pfiffige römische Köche dieses Gericht. Berechnen Sie ein Ei pro Person und würzen Sie mit reichlich schwarzem Pfeffer.

Wenn Sie dieses Rezept mögen, probieren Sie auch Pikante Penne mit Cocktailtomaten & Wurst auf Seite 50.

500 g Spaghetti • 90 ml natives Olivenöl extra • 1 kleine Zwiebel, fein gehackt • 5 Knoblauchzehen, gehackt • 350 g Speck, gewürfelt • 1 TL rote Chiliflocken • 300 g frischer junger Spinat • Meersalz und frisch gemahlener schwarzer Pfeffer • frisch geriebener Parmesan, zum Servieren

FÜR 4–6 PERSONEN VORBEREITUNG: 10 MINUTEN GARZEIT: 10–15 MINUTEN

SPAGHETTI MIT PANCETTA & SPINAT

1. Salzwasser in einem großen Topf zum Kochen bringen und die Pasta darin 10–12 Minuten al dente kochen. **2. Inzwischen das Öl** in einer großen Pfanne erhitzen. Zwiebel und Knoblauch darin bei mittlerer Hitze 3–4 Minuten weich dünsten. **3. Den Speck** zufügen und etwa 5 Minuten knusprig braten. **4. Die Pasta** gut abtropfen lassen und zu den anderen Zutaten in die Pfanne geben. Mit den Chiliflocken bestreuen und alles gut vermengen. Dabei nach und nach den Spinat unterheben, bis dieser zusammengefallen ist. Mit Salz und Pfeffer abschmecken. **5.** Sofort servieren.

Dieses Gericht ist schnell und einfach zubereitet – ideal für ein schmackhaftes Essen unter der Woche. Gönnen Sie sich ein Glas Rotwein dazu.

Wenn Sie dieses Rezept mögen, probieren Sie auch Bucatini alla Carbonara auf Seite 54.

500 g mageres Rinderhackfleisch • 2 EL fein gehackte frische Petersilie, plus etwas mehr zum Garnieren • 60 g Salami, fein gehackt • 60 g frisch geriebener Parmesan • 3 EL Tomatenmark • 1 Bio-Ei, verquirlt • 60 g Butter • 1 Zwiebel, fein gehackt • 2 EL fein gehacktes frisches Basilikum • 1 EL getrockneter Oregano • 800 g geschälte Tomaten aus der Dose • 120 ml Rinderbrühe • 120 ml trockener Weißwein • 1 TL Zucker • 500 g Tagliatelle

FÜR 4–6 PERSONEN VORBEREITUNG: 10 MINUTEN GARZEIT: 10–15 MINUTEN

TAGLIATELLE MIT HACKBÄLLCHEN

1. Das Hackfleisch in einer Schüssel mit Petersilie, Salami, Parmesan, 1 Esslöffel Tomatenmark und Ei vermengen und zu etwa walnussgroßen Kugeln formen. **2. 2 Esslöffel Butter** in einer großen Pfanne bei niedriger bis mittlerer Hitze zerlassen. Die Hackbällchen darin 10–15 Minuten unter gelegentlichem Wenden gar braten. **3. Die restliche Butter** in einer großen Pfanne bei mittlerer Hitze zerlassen. Zwiebel, Basilikum und Oregano darin 3–4 Minuten weich dünsten. **4. Tomaten,** restliches Tomatenmark, Rinderbrühe, Wein und Zucker zufügen und etwa 30 Minuten einköcheln lassen. **5. Salzwasser** in einem großen Topf zum Kochen bringen und die Pasta darin 3–4 Minuten al dente kochen. Gut abtropfen lassen. **6. Die Hackbällchen** in die Sauce setzen und wieder erhitzen. Die Pasta vorsichtig unterheben, damit die Hackbällchen nicht auseinanderfallen. **7. Mit Petersilie** bestreuen und sofort servieren.

Das Originalrezept für Pasta mit Hackbällchen stammt vermutlich aus Süditalien, wenngleich das Gericht sich im Ausland mittlerweile größerer Beliebtheit erfreut als in seiner Heimat. Besonders bei Kindern kommt es sehr gut an.

Wenn Sie dieses Rezept mögen, probieren Sie auch Fleischbällchen in Tomatensauce auf Seite 88.

PIKANTE UDONNUDELN MIT GARNELEN

350 g getrocknete Udonnudeln • 2 EL Erdnussöl • 3 Knoblauchzehen, fein gehackt • 250 g rohe Garnelen, ausgelöst und Darmfäden entfernt • Meersalz und frisch gemahlener schwarzer Pfeffer • 1 kleine Zwiebel, fein gehackt • 6 mittelgroße Tomaten, grob gehackt • 2 EL Sojasauce • 1–2 frische rote Chilis, in feine Ringe geschnitten • 60 g Erdnüsse oder Cashewkerne • frische Petersilie oder Koriander, Pflücksalat und rote Zwiebelringe, zum Garnieren

FÜR 4 PERSONEN VORBEREITUNG: 10 MINUTEN GARZEIT: 10–15 MINUTEN

1. Die Nudeln nach Packungsangabe garen. Abtropfen lassen und beiseitestellen. **2. 1 Esslöffel Erdnussöl** in einem Wok erhitzen. Die Garnelen mit der Hälfte des Knoblauchs darin bei mittlerer bis starker Hitze 2–3 Minuten unter Rühren anbraten, bis sie rosa und gar sind. Auf einen Teller geben. **3. Nun das restliche Öl** im Wok erhitzen. Zwiebel und restlichen Knoblauch darin bei mittlerer Hitze 1–2 Minuten andünsten. **4. Tomaten,** Sojasauce und Chilis zufügen und unter Rühren 5–7 Minuten braten, bis die Tomaten zerfallen. **6. Nudeln,** Garnelen und Nüsse zugeben und rühren, bis alles gut vermengt und wieder heiß ist. **7. Mit Kräutern,** Pflücksalat und Zwiebeln garnieren und sofort servieren.

Udonnudeln bestehen aus Weizenmehl und stammen aus Japan, wo sie üblicherweise in Brühe serviert werden. Doch sie sind sehr vielseitig und können auch für Wokgerichte verwendet werden.

Sie können sie in diesem Rezept durch andere asiatische Eiernudeln oder Tagliatelle oder Linguine ersetzen.

Wenn Sie dieses Rezept mögen, probieren Sie auch Sobanudeln mit Algen & Gemüse auf Seite 62.

SOBANUDELN
MIT ALGEN & GEMÜSE

FÜR 4 PERSONEN VORBEREITUNG: 15 MINUTEN GARZEIT: 10 MINUTEN

NUDELN

1,25 l Gemüse- oder Hühnerbrühe • 350 g Sobanudeln • 30 g getrocknete Wakamealgen (Streifen oder Flocken) • 4 mittelgroße Karotten, längs in feine Bänder geschnitten • 250 g Zuckererbsen • 2 EL frische Schnittlauchröllchen, zum Garnieren

SAUCE

2 EL Reisessig • fein abgeriebene Schale von 2 Limetten • 4 EL frisch gepresster Limettensaft • 2 EL frisch geriebene Ingwerwurzel • 1–2 frische rote Chilis, fein gehackt • 1 EL Palmzucker oder brauner Zucker • 2 EL geröstetes Sesamöl • 2 EL Erdnussöl • 1 EL süße Chilisauce • 1 Knoblauchzehe, fein gehackt • ½ TL Meersalzflocken

NUDELN **1. Die Brühe** in einem großen Topf bei mittlerer bis starker Hitze zum Kochen bringen. Die Sobanudeln darin 2 Minuten weniger kochen, als auf der Packung angegeben ist. **2. Dann Wakame,** Karotten und Zuckererbsen untermischen und alles etwa 3 Minuten knackig gar kochen.

SAUCE **3. Reisessig,** Limettenschale und -saft, Ingwer, Chilis, Zucker, Sesam- und Erdnussöl, Chilisauce, Knoblauch und Salz in einer Schale verrühren. **4. Die Sauce** über die Nudeln gießen und etwa 30 Sekunden untermengen. **5. Mit Schnittlauchröllchen** garnieren und sofort servieren.

Sobanudeln sind dünne japanische Nudeln, die aus Buchweizenmehl oder einer Mischung aus Buchweizen- und Weizenmehl hergestellt werden. Sie sind sehr gesund, da sie alle acht essenziellen Aminosäuren sowie Antioxidantien und andere Nährstoffe enthalten.

Wenn Sie dieses Rezept mögen, probieren Sie auch Vollkornspaghetti mit Garnelen & Brokkoli auf Seite 52.

250 g asiatische Eierbandnudeln • 2 EL Sesamöl • 2,5-cm-Stück frische Ingwerwurzel, geschält und in feinen Stiften • 2 Knoblauchzehen, fein gehackt • 1 mittelgroße Karotte, längs halbiert und in feine Scheiben geschnitten • 8 Shiitakepilze, in Streifen geschnitten • 1 rote Paprika, entkernt und in feine Streifen geschnitten • 1 gelbe Paprika, entkernt und in feine Streifen geschnitten • 4 Frühlingszwiebeln, in Ringe geschnitten • 350 g gegartes Hähnchenfleisch, zerkleinert • 4 EL Sojasauce • Salz und frisch gemahlener weißer Pfeffer • 2 EL fein gehackter frischer Dill • 2 EL fein gehackter frischer Koriander • 1 EL frische Schnittlauchröllchen • süße Chilisauce, zum Servieren

FÜR 4 PERSONEN VORBEREITUNG: 15 MINUTEN GARZEIT: 10–15 MINUTEN

HÄHNCHEN-NUDEL-PFANNE
MIT PAPRIKA

1. Wasser in einem kleinen Topf zum Kochen bringen und die Nudeln darin nach Packungsangabe gar kochen. Gut abtropfen lassen und beiseitestellen. **2. 1 Esslöffel Öl** in einem Wok oder einer großen Pfanne erhitzen. Ingwer und Knoblauch darin bei mittlerer bis starker Hitze etwa 30 Sekunden anbraten, bis sie zu duften beginnen. **3. Karotten,** Paprika und Frühlingszwiebeln zufügen und unter Rühren 2–3 Minuten knackig gar braten. Leicht salzen und pfeffern. Das Gemüse auf einen Teller geben. **4. Nun das restliche Öl** im Wok erhitzen. Das Hähnchenfleisch mit der Sojasauce zugeben und bei mittlerer bis starker Hitze 1 Minute unter Rühren erhitzen. **5. Das Gemüse** mit den Nudeln wieder in den Wok geben und unter Rühren 1–2 Minuten braten. **6.** Abschmecken. Die Kräuter kurz untermischen und sofort mit der Chilisauce servieren.

Dieses Gericht ist eine tolle Möglichkeit, gegrilltes oder gebratenes Hähnchenfleisch zu verwerten. Sie können aber auch andere Fleischreste verwenden.

● Wenn Sie dieses Rezept mögen, probieren Sie auch Hähnchenpfanne mit Paprika & Bohnen auf Seite 76

1 EL Kreuzkümmelsamen •
1½ TL Koriandersamen • ½ TL Fenchelsamen •
1 TL Butter • 3 EL Pflanzenöl • 2 große Zwiebeln, fein gehackt •
3 Knoblauchzehen, in feine Scheiben geschnitten • 2 TL fein geriebene frische
Ingwerwurzel • 2 rote Chilis, entkernt und in Ringe geschnitten • 1 grüne Chili, entkernt
und fein gehackt • 6 mittelgroße Tomaten, gehäutet und klein gewürfelt • 1½ TL Kurkuma •
1½ TL Tamarindenpaste • 5 getrocknete Curryblätter • 400 ml Kokosmilch • 600 g große Garnelen,
ausgelöst • Meersalzflocken • 10 g frisch gehackter Koriander • frisch gekochter Basmatireis, zum Servieren

FÜR 4–6 PERSONEN VORBEREITUNG: 15 MINUTEN GARZEIT: 25–30 MINUTEN

GARNELEN IN KOKOSSAUCE

1. Kreuzkümmel, Koriander und Fenchel in einer Pfanne bei mittlerer Hitze etwa 1 Minute trocken rösten, bis sie zu duften beginnen. In einen Mörser geben und pulvrig fein zerstoßen. **2. Nun die Butter** mit dem Öl in die Pfanne geben und zerlassen. Die Zwiebeln darin bei mittlerer Hitze 3–4 Minuten dünsten. Die Hitze auf niedrige Stufe reduzieren. Den Knoblauch untermischen und 5–8 Minuten mitdünsten, bis die Zwiebeln weich und goldbraun sind. **3. Ingwer,** Chilis und Tomaten zufügen und etwa 10 Minuten köcheln lassen, bis die Tomaten etwas eingekocht sind. **4. Gewürzmischung,** Kurkuma, Tamarindenpaste und Curryblätter zufügen. Die Kokosmilch zugießen, zum Kochen bringen und etwa 10 Minuten sanft köcheln lassen, damit sich die Aromen entwickeln. **5. Die Garnelen** zufügen. Den Deckel aufsetzen und bei niedrigster Hitze etwa 5 Minuten unter gelegentlichem Rühren garen, bis die Garnelen rosa und durchgegart sind. Mit Salz abschmecken. **6. Mit dem Koriander** garnieren und sofort mit dem Basmatireis servieren.

Dieses schmackhafte Curry kann bis zu 24 Stunden im Voraus zubereitet und gekühlt aufbewahrt werden. Zum Servieren einfach sanft erhitzen – danach schmeckt es sogar noch aromatischer.

Wenn Sie dieses Rezept mögen, probieren Sie auch Pikante Garnelen in cremiger Knoblauchsauce auf Seite 70.

2 EL Austernsauce • 1 EL Sojasauce •
1 Handvoll frischer Koriander, grob gehackt, plus etwas mehr zum Garnieren • 8–12 Riesengarnelen •
2 TL Speisestärke • 2 EL Erdnussöl • 2 Frühlingszwiebeln, in feine Ringe geschnitten • 3 Knoblauchzehen, in feine Scheiben geschnitten • 2 TL frisch geriebene oder gehackte Ingwerwurzel • 1 große rote Chili, in feine Ringe geschnitten

FÜR 2–4 PERSONEN VORBEREITUNG: 15 MINUTEN GARZEIT: 10 MINUTEN

GEBRATENE RIESENGARNELEN
MIT KNOBLAUCH & KORIANDER

1. Austernsauce, Sojasauce und Koriander in einer Schale verrühren. **2. Die Garnelen** mit Küchenpapier ganz trocken tupfen. **3. Die Garnelen** mit der Speisestärke in eine Schüssel geben und sorgfältig darin wenden. **4. 1 Esslöffel Öl** in einem Wok oder einer großen Pfanne stark erhitzen. Die Garnelen nebeneinander hineingeben und etwa 1 Minute von jeder Seite scharf anbraten. Mit einem Schaumlöffel herausnehmen und auf einen Teller geben. **5.** Die Hitze auf mittlere Stufe reduzieren und den Wok etwas abkühlen lassen, damit die folgenden Zutaten nicht verbrennen. **6. Das restliche Öl** mit Frühlingszwiebeln, Knoblauch, Ingwer und Chili zufügen und unter Rühren 1–2 Minuten anbraten, bis die Zutaten zu duften beginnen. **7. Die Saucenmischung** zugießen. Die Garnelen wieder in den Wok geben. Unter Rühren 1–2 Minuten garen, bis sie orange und ganz durchgegart sind. **8. Mit Koriander** garnieren und sofort servieren.

Die Menge reicht aus für vier Personen als Appetizer und zwei Personen als Hauptgericht.

Wenn Sie dieses Rezept mögen, probieren Sie auch Garnelen in Kokossauce auf Seite 66.

PIKANTE GARNELEN
IN CREMIGER KNOBLAUCHSAUCE

FÜR 4 PERSONEN VORBEREITUNG: 1 STUNDE + 1½ STUNDEN ABKÜHLEN GARZEIT: 40–45 MINUTEN

3 EL natives Olivenöl extra • 4 Knoblauchzehen, fein gehackt • 500 g kleine bis mittelgroße Garnelen, ausgelöst und Darmfäden entfernt • Meersalz und frisch gemahlener schwarzer Pfeffer • 4 EL trockener Weißwein • 2 EL Chilipaste oder 1 TL rote Chiliflocken • 3 EL frisch gehackte Petersilie • 1 EL frische Schnittlauchröllchen • 250 g Sahne • 1 frische rote Chili, entkernt und in feine Ringe geschnitten, zum Garnieren

1. Das Öl in einer großen Pfanne erhitzen. Den Knoblauch darin bei mittlerer Hitze 3–4 Minuten goldgelb anbraten. **2. Die Garnelen** zufügen. Salzen und pfeffern und 2–3 Minuten braten, bis sie rosa werden. Aus der Pfanne auf einen Teller heben. **3. Den Weißwein** in die Pfanne gießen und 2–3 Minuten auf die Hälfte einkochen lassen. Chilipaste oder -flocken und Sahne unterrühren und 2–3 Minuten kochen, bis die Sauce einzudicken beginnt. **4. Die Garnelen** mit Petersilie, Schnittlauch und Chili wieder in die Pfanne geben und 1–2 Minuten erhitzen. **5.** Sofort servieren.

Servieren Sie diese leckeren Garnelen als Vorspeise mit frischem Baguette. Alternativ können Sie sie in Sauce auch zu Pasta, Reis oder einem Couscous reichen.

Wenn Sie dieses Rezept mögen, probieren Sie auch Gebratene Riesengarnelen mit Knoblauch & Koriander auf Seite 68.

SARDINEN
4–6 sehr frische ganze Sardinen
(etwa 20–25 cm lang) • 50 g Weizenmehl • Meersalz und frisch
gemahlener schwarzer Pfeffer • 4–6 sehr frische ganze Sardinen
(etwa 20–25 cm lang) • 120 ml natives Olivenöl extra

TOMATENSAUCE
2 EL natives Olivenöl extra • 1 kleine Zwiebel, sehr fein gehackt • 1 Knoblauchzehe, fein gehackt •
4 EL lieblicher Weißwein • 750 g Tomaten, gehäutet und gehackt • 4 Cocktailtomaten, halbiert •
2–4 EL frisch gehackte Petersilie

FÜR 2 PERSONEN VORBEREITUNG: 30 MINUTEN GARZEIT: 40–45 MINUTEN

SARDINEN IN TOMATENSAUCE

SARDINEN **1. Um die Sardinen** zu säubern, diese unter fließend kaltem Wasser abspülen und mit den Fingern den Körper auf und ab fahren, um die Schuppen zu entfernen. **2. Die Sardinen** mit der Bauchseite nach oben in eine Hand legen und mit einem scharfen Filetiermesser die gesamte Bauchlinie aufschneiden. Die Innereien mit den Fingern herauslösen und entsorgen. Die Sardinen innen ausspülen und trocken tupfen. **3. Das Mehl** in eine flache Form geben und großzügig salzen und pfeffern. Die Sardinen nacheinander darin wenden und überschüssiges Mehl vorsichtig abklopfen. **4.** Den Boden einer Pfanne mit Öl bedecken. Die Pfanne sollte groß genug sein, dass alle Sardinen nebeneinander Platz finden. Das Öl stark, aber nicht bis zum Rauchpunkt erhitzen. **5. Die Sardinen** darin je nach Größe 3–5 Minuten von jeder Seite goldbraun anbraten. **6.** Mit einem Pfannenwender auf einen Teller heben.

TOMATENSAUCE **7.** Die Pfanne mit Küchenpapier auswischen. Das Öl hineingeben und erhitzen. **8. Zwiebel** und Knoblauch darin bei mittlerer Hitze 3–4 Minuten weich dünsten. **9. Den Wein** zugießen und 2–3 Minuten garen, bis er verdampft ist. **10. Die Tomaten** zufügen. Salzen und pfeffern. Bei niedriger Hitze 15–20 Minuten köcheln lassen, bis die Tomaten eingedickt sind und das Öl sich absetzt. Die Cocktailtomaten untermischen und weitere 5 Minuten garen. **11. Die Sardinen** in die Tomatensauce legen und sanft erhitzen. **12. Mit Petersilie** garnieren und sofort servieren.

Das Säubern der Sardinen ist gar nicht so schwierig, wie es sich anhört, wenn Sie es genau nach Anleitung machen. Alternativ können Sie sich die Sardinen auch vom Fischhändler küchenfertig vorbereiten lassen.

Wenn Sie dieses Rezept mögen, probieren Sie auch Gebratene Makrelen mit Gemüse auf Seite 74.

GEMÜSE
2 EL natives Olivenöl extra • 1 rote Zwiebel, in feine Streifen geschnitten • 2 Knoblauchzehen, fein gehackt • 10–12 Cocktailtomaten, halbiert • 1 Handvoll entsteinte grüne Oliven • 1 frische rote Chili, entkernt und in feine Ringe geschnitten • Meersalz und frisch gemahlener schwarzer Pfeffer • frischer Koriander, zum Garnieren

MAKRELEN
750 g frische Makrelenfilets • 2 EL natives Olivenöl extra • Meersalzflocken

FÜR 4 PERSONEN VORBEREITUNG: 15 MINUTEN GARZEIT: 25–30 MINUTEN

GEBRATENE MAKRELEN MIT GEMÜSE

GEMÜSE **1. Das Öl** in einer großen Pfanne erhitzen. Zwiebel und Knoblauch darin bei mittlerer Hitze 3–4 Minuten weich dünsten. **2. Die Cocktailtomaten** zufügen und 2–3 Minuten weich dünsten. **3. Oliven** und Chili untermischen. Salzen und pfeffern, dann 3–4 Minuten köcheln lassen.

MAKRELEN **4. Inzwischen das Öl** in einer Pfanne erhitzen. Die Pfanne sollte groß genug sein, dass alle Makrelenfilets nebeneinander Platz finden. **5. Die Makrelenfilets** mit Küchenpapier trocken tupfen und salzen. Mit der Hautseite nach unten in die Pfanne geben. Sobald sich die Filets biegen, mit einem Pfannenwender leicht auf den Pfannenboden drücken, damit die gesamte Filetfläche Hitzekontakt hat. **6. Die Makrelenfilets** je nach Dicke 1–2 Minute braten. Wenn die Hautseite knusprig und goldbraun ist, die Filets wenden. Die Pfanne vom Herd nehmen und die Makrelenfilets darin etwa 1 Minute in der Resthitze garen. **7. Die Makrelen** in der Pfanne mit dem Gemüse überziehen. Mit Koriander garnieren und sofort servieren.

Mit aromatischen Makrelenfilets lässt sich eine leckere, schnelle Mahlzeit zubereiten. Sie sind bei jedem Fischhändler erhältlich und relativ günstig. Zu langes Garen bekommt Makrelen nicht besonders gut, da ihr Fleisch schnell trocken und fast zäh werden kann. Bereiten Sie also erst das Gemüse zu und dann rasch den Fisch.

Wenn Sie dieses Rezept mögen, probieren Sie auch Sardinen in Tomatensauce auf Seite 72.

750 g Hähnchenbrustfilet, in feine Streifen geschnitten • 2 EL Weizenmehl • Meersalz und frisch gemahlener schwarzer Pfeffer • 3 EL Erdnussöl • 1 kleine Zwiebel, in Streifen geschnitten • 1 große Handvoll grüne Bohnen, geputzt • 2 rote Paprika, in Streifen geschnitten • 6 Knoblauchzehen, fein gehackt • 4 EL Wasser • 2 EL Reisessig • 2 EL Sojasauce • 2 Handvoll frische Basilikumblätter • 2 Frühlingszwiebeln, grüner Teil in Ringe geschnitten • frisch gegarter Basmatireis, zum Servieren • süße Chilisauce, zum Servieren

FÜR 4 PERSONEN VORBEREITUNG: 15 MINUTEN GARZEIT: 10–15 MINUTEN

HÄHNCHENPFANNE

MIT PAPRIKA & BOHNEN

1. Das Hähnchenfleisch in einer großen, flachen Form mit dem Mehl bestäuben. Großzügig salzen und pfeffern und alles gut vermengen. **2. 1 Esslöffel Öl** in einer großen Pfanne erhitzen. Die Hälfte der Hähnchenfleischstreifen darin bei mittlerer bis starker Hitze 2–3 Minuten unter Rühren anbräunen. Auf einen Teller geben. Mit der zweiten Hälfte der Fleischstreifen ebenso verfahren und auf den Teller geben. **3.** Die Pfanne mit Küchenpapier auswischen. Das restliche Öl darin erhitzen. Bohnen, Paprika und Knoblauch darin bei mittlerer bis starker Hitze 3–5 Minuten unter Rühren anbraten. **4. Wasser,** Essig, Sojasauce und Hähnchenfleischstreifen zufügen und 3–4 Minuten rührbraten, bis das Fleisch wieder heiß und durchgegart ist. **5. Das Basilikum** untermischen und mit Frühlingszwiebeln garnieren. **6. Sofort mit Reis** und Chilisauce servieren.

Dieses Gericht ist im Handumdrehen zubereitet und deshalb ein ideales schnelles Werktagsgericht.

Wenn Sie dieses Rezept mögen, probieren Sie auch Pfannengerührtes Rindfleisch mit Gemüse auf Seite 82.

4 große Hähnchenunterkeulen (etwa 750 g) • Meersalz und frisch gemahlener schwarzer Pfeffer • 60 g Butter • 6–8 kleine Kartoffeln, halbiert • 1 kleine rote Zwiebel, grob gehackt • 2 Stangen Lauch, in Ringe geschnitten • 3 Knoblauchzehen • einige Zweige frischer Rosmarin • 4 EL Rotwein • 120 ml Hühnerbrühe, plus gegebenenfalls etwas mehr • 1 EL Dijonsenf • 4 Cocktailtomaten

FÜR 2 PERSONEN VORBEREITUNG: 20 MINUTEN GARZEIT: ETWA 1 STUNDE

GEBRATENE HÄHNCHENKEULEN MIT GEMÜSE

1. Die Hähnchenkeulen großzügig salzen und pfeffern. **2.** Einen großen gusseisernen Bräter bei mittlerer bis starker Hitze auf den Herd setzen. Die Butter darin erhitzen, bis sie schäumt. **3. Die Hähnchenkeulen** darin unter häufigem Wenden etwa 5 Minuten gleichmäßig anbräunen, dann auf einen Teller heben. **4. Nun Kartoffeln,** Zwiebel, Lauch, Knoblauch und Rosmarin in den Bräter geben und unter häufigem Rühren 10 Minuten braten. Salzen und pfeffern. **5. Den Wein** zugießen und 2–3 Minuten garen, bis er verdampft ist. **6. Brühe** und Senf in einer Schale verrühren. Die Keulen wieder in den Bräter geben und mit der Brühe übergießen. Die Hitze auf niedrige Stufe reduzieren und etwa 40 Minuten köcheln lassen, bis das Hähnchenfleisch gar und die Kartoffeln weich sind. Umrühren ist nicht erforderlich, jedoch sollte gelegentlich überprüft werden, ob das Gemüse ständig mit Flüssigkeit bedeckt ist. Die Tomaten etwa 10 Minuten vor Ende der Garzeit zufügen. **7.** Den Backofengrill vorheizen und die Keulen im Bräter grillen, bis die Haut knusprig ist. **8.** Sofort servieren.

Dieses leckere Gericht ist überraschend einfach in der Zubereitung und ein perfektes Essen für zwei.

● Wenn Sie dieses Rezept mögen, probieren Sie auch Entenkeulen mit Orangensauce auf Seite 80.

ENTENKEULEN
MIT ORANGENSAUCE

FÜR 4 PERSONEN VORBEREITUNG: 15 MINUTEN GARZEIT: 35–45 MINUTEN

3 EL natives Olivenöl extra • 4 große Entenkeulen • Meersalz und frisch gemahlener schwarzer Pfeffer • 5 EL feinster Zucker • fein abgeriebene Schale und Saft von 2 Orangen, plus einige Scheiben mehr zum Garnieren • 2 EL Balsamico-Essig • 4 EL Hühnerbrühe • 1 gehäufter EL Orangenmarmelade • Sojasauce • 2 EL frisch gehackte Petersilie, zum Garnieren

1. Den Backofen auf 200 °C vorheizen. **2. Die Entenkeulen** salzen und pfeffern. **3. Das Öl** in einer großen ofenfesten Pfanne stark erhitzen. Die Entenkeulen mit der Außenseite nach unten darin bei mittlerer bis starker Hitze 3–4 Minuten goldbraun anbraten. Wenden und weitere 2–3 Minuten braten. **4.** Die Pfanne in den vorgeheizten Ofen schieben und die Keulen darin 20–30 Minuten gar braten. Zum Test einen Holzspieß in die dickste Stelle stechen; der austretende Fleischsaft sollte klar sein. **5.** Inzwischen eine zweite Pfanne auf mittlerer Stufe auf dem Herd heiß werden lassen. Den Zucker einstreuen und etwa 5 Minuten schmelzen und karamellisieren lassen. **6.** Die Pfanne vom Herd nehmen. Orangensaft und Essig zugießen. Die Pfanne wieder auf den Herd stellen und die Sauce 2–3 Minuten köcheln lassen. **7. Die Hühnerbrühe** zugeben und die Sauce 3–4 Minuten weiterköcheln lassen, bis sie etwas eingekocht ist. Orangenschale, Orangenscheiben, Marmelade und Sojasauce zufügen. Mit Salz und Pfeffer abschmecken. **8. Die Entenkeulen** aus dem Ofen nehmen und mit der Sauce überziehen. **9. Mit Petersilie** garnieren und sofort servieren.

Dieses Rezept ist eine moderne, leichte und frische Adaptation der klassischen französischen Canard à l'orange. Servieren Sie Reis und Gemüse dazu.

Wenn Sie dieses Rezept mögen, probieren Sie auch Hähnchenpfanne mit Paprika & Bohnen auf Seite 76.

400 g fein marmoriertes Rindfleisch aus der Hochrippe oder Rinderfilet, in feine Streifen geschnitten • 3 EL Sojasauce • 1½ EL Reisweinessig • 2 TL fein geriebene frische Ingwerwurzel • 2 Knoblauchzehen, zerdrückt • frisch gemahlener schwarzer Pfeffer • 2 EL Erdnussöl • 1 mittelgroße rote Zwiebel, grob gehackt • 1 rote Paprika, entkernt und in feine Streifen geschnitten • 1 gelbe Paprika, entkernt und in feine Streifen geschnitten • 1 kleiner Brokkoli, in kleine Röschen zerteilt • 1 große Handvoll Zuckererbsen • 1 Karotte, in feine Stifte geschnitten

FÜR 4 PERSONEN VORBEREITUNG: 15 MINUTEN + 30 MINUTEN KÜHLEN GARZEIT: 15 MINUTEN

PFANNENGERÜHRTES RINDFLEISCH MIT GEMÜSE

1. Das Rindfleisch in eine große, flache Form geben. 2 Esslöffel Sojasauce, Reisweinessig, Ingwer und Knoblauch zufügen. Großzügig pfeffern. Dann alles vorsichtig vermengen. Die Form abdecken und im Kühlschrank 30 Minuten marinieren. **2. 1 Esslöffel Öl** in einer großen Pfanne erhitzen. Das Rindfleisch samt Sauce bei mittlerer bis starker Hitze 3–4 Minuten unter Rühren gar braten. Auf einen Teller geben. **3.** Die Pfanne mit Küchenpapier auswischen. Das restliche Öl darin erhitzen. Zwiebel, Paprika, Brokkoli, Zuckererbsen und Karotte darin bei mittlerer bis starker Hitze 3–4 Minuten unter Rühren knackig gar braten. **4. Die restliche Sojasauce** zufügen. Das Rindfleisch wieder in die Pfanne geben, mit dem Gemüse vermengen und 1–2 Minuten erhitzen. **5.** Sofort servieren.

Fein marmoriertes Fleisch aus der Hochrippe ist außerordentlich schmackhaft, es hat allerdings auch seinen Preis. Sie können es durch anderes hochwertiges Rinderfilet oder Filetsteak ersetzen.

Wenn Sie dieses Rezept mögen, probieren Sie auch Rinderfleischpfanne mit Paprika & grünen Bohnen auf Seite 84.

250 ml Rinderbrühe •
4 EL salzarme Sojasauce • 2 EL Reisessig •
1 EL Speisestärke • ½ TL chinesisches Fünf-Gewürze-Pulver •
½ TL rote Chiliflocken • 2 EL Pflanzenöl • 500 g mageres Rindersteak,
gegen die Faser in 5 mm dicke Scheiben geschnitten • ¼ TL Meersalzflocken •
1 mittelgroße Zwiebel, in feine Streifen geschnitten • 250 g grüne Bohnen, in kurze
Stücke geschnitten • 1 gelbe Paprika, in feine Streifen geschnitten • 2 Frühlingszwiebeln, in Ringe
geschnitten, zum Garnieren • 300 g frisch gegarter Naturreis, zum Servieren

FÜR 4 PERSONEN VORBEREITUNG: 20 MINUTEN + 30 MINUTEN ABKÜHLEN GARZEIT: 40–45 MINUTEN

RINDERFLEISCHPFANNE MIT PAPRIKA & GRÜNEN BOHNEN

1. Die Rinderbrühe mit Sojasauce, Essig, Speisestärke, Fünf-Gewürze-Pulver und Chiliflocken in einer Schale verrühren. **2. 1 Esslöffel Öl** in einer großen Antihaft-Pfanne oder einem Wok erhitzen. Das Fleisch salzen und im heißen Fett 3 Minuten unter Rühren anbraten. Mit einem Schaumlöffel auf einen Teller heben. **3. Das restliche Öl** in die Pfanne oder den Wok geben und erhitzen. Zwiebel, Bohnen und Paprika darin bei mittlerer Hitze 7–8 Minuten knackig gar braten. 2 Minuten vor Ende der Garzeit 4 Esslöffel Wasser zufügen und den Deckel aufsetzen. **4. Die angerührte Sauce** zugießen und 1 Minute köcheln lassen, bis sie eingedickt ist. **5. Die Fleischstreifen** wieder zugeben und erhitzen. **6. Mit den Frühlingszwiebeln** garnieren und sofort mit Naturreis servieren.

Für dieses Gericht können Sie jedes Rindfleisch verwenden, das sich zum Kurzbraten eignet.

Wenn Sie dieses Rezept mögen, probieren Sie auch Hähnchenpfanne mit Paprika & Bohnen auf Seite 76.

FLEISCHBÄLLCHEN
IN TOMATENSAUCE

SAUCE

3 EL natives Olivenöl extra • 1 kleine weiße Zwiebel, fein gehackt • 750 g frische Tomaten, gehäutet, oder geschälte Tomaten aus der Dose, gehackt • 1 TL getrockneter Oregano • Meersalz

FLEISCHBÄLLCHEN

60 g frische Semmelbrösel • 4 EL Milch • 500 g Rinderhackfleisch • 100 g frisch geriebener Pecorino oder Parmesan • 2 Bio-Eier, leicht verquirlt • ½ kleine Zwiebel, fein gehackt • 1 EL fein gehackte frische Petersilie, plus etwas mehr zum Garnieren • 1 Knoblauchzehe, fein gehackt • Meersalz und frisch gemahlener schwarzer Pfeffer • Reis oder Kartoffelpüree, zum Servieren

FÜR 4 PERSONEN VORBEREITUNG: 15 MINUTEN GARZEIT: 35–40 MINUTEN

SAUCE **1. Das Öl** in einer großen Pfanne erhitzen. Die Zwiebel darin bei mittlerer Hitze 3–4 Minuten weich dünsten. Tomaten und Oregano zufügen. Salzen. **2.** Bei niedriger bis mittlerer Hitze etwa 10 Minuten köcheln lassen, bis die Tomaten etwas eingedickt sind.

FLEISCHBÄLLCHEN **3. Die Semmelbrösel** in einer großen Schüssel mit der Milch übergießen. Mit Hackfleisch, Käse, Eiern, Zwiebel, Petersilie und Knoblauch vermengen. Salzen und pfeffern. **4. Die Hackfleischmasse** zu etwa walnussgroßen Kugeln formen. **5. Die Fleischbällchen** in die heiße Tomatensauce setzen und unter ein- bis zweimaligem Wenden 15–20 Minuten gar ziehen lassen. **6. Mit Petersilie** garnieren und sofort mit Reis oder Kartoffelpüree als Beilage servieren.

Insbesondere Kinder werden diese einfachen Fleischbällchen lieben und haben bestimmt auch großen Spaß daran, bei der Zubereitung zu helfen. Für eine vollwertige Mahlzeit servieren Sie einen grünen Salat dazu.

• Wenn Sie dieses Rezept mögen, probieren Sie auch Tagliatelle mit Hackbällchen auf Seite 58.

100 ml natives Olivenöl extra • 4 Knoblauchzehen, fein gehackt • 350 g weiße Champignons, grob gehackt • 750 g festkochende Kartoffeln • Meersalzflocken • 1 EL frisch gehackter Dill, zum Garnieren

FÜR 6 PERSONEN VORBEREITUNG: 15 MINUTEN GARZEIT: 20–30 MINUTEN

KARTOFFELPFANNE MIT PILZEN

1. 1 Esslöffel Öl in einer großen Pfanne erhitzen. Die Hälfte des Knoblauchs darin bei mittlerer Hitze 2–3 Minuten hellbraun anbraten. **2. Die Pilze** zufügen und andünsten, bis sie Wasser gezogen haben und das Wasser verdampft ist. Je nach Wassergehalt der Pilze dauert das 5–10 Minuten. **3. Inzwischen die Kartoffeln** schälen und in etwa 1 cm große Würfel schneiden. Sie sollten möglichst gleich groß sein, damit sie schnell und gleichmäßig garen. **4. Fertig geschnittene Kartoffelwürfel** in eine Schüssel mit kaltem Salzwasser geben und 5 Minuten ziehen lassen. Das Wasser abgießen und die Kartoffelwürfel auf einem sauberen Trockentuch abtropfen und trocknen lassen. **5. Die Pilze** auf einen Teller heben. **6.** Die Pfanne wieder auf den Herd setzen und 3 Esslöffel Öl darin erhitzen. Die Hälfte der Kartoffeln und den restlichen Knoblauch darin in einer Lage ohne Wenden braten, bis die Unterseite zu bräunen beginnt. Dann weitere 7–8 Minuten braten und 2–3-mal wenden, bis die Kartoffelwürfel auf allen Seiten schön gebräunt sind. Mit einem Pfannenwender oder Schaumlöffel auf Küchenpapier heben und abtropfen lassen. **7. Das restliche Öl** in der Pfanne erhitzen und die restlichen Kartoffelwürfel auf dieselbe Weise braten. **8. Die erste Kartoffelportion** zusammen mit den Pilzen wieder in die Pfanne geben und alles auf starker Stufe 1–2 Minuten unter häufigem Wenden erhitzen. **9. Mit Salz** abschmecken und mit dem Dill garnieren. Sofort servieren.

Folgen Sie der Anleitung genau, damit die Kartoffeln wirklich schön knusprig werden.

Wenn Sie dieses Rezept mögen, probieren Sie auch Tortilla auf Seite 98.

4 EL natives Olivenöl extra • 2 Zwiebeln, fein gehackt • 1 mittelgroße Aubergine, gewürfelt • 2 mittelgroße grüne Zucchini, längs halbiert, in Scheiben geschnitten • 2 mittelgroße gelbe Zucchini, längs halbiert, in Scheiben geschnitten • 1 rote oder gelbe Paprika, in feine Streifen geschnitten • 1 kg Tomaten, gehäutet, entkernt und gewürfelt • 1 Lorbeerblatt • 1 EL fein gehackter frischer Thymian • 2 Knoblauchzehen, fein gehackt • Meersalz und frisch gemahlener schwarzer Pfeffer • 50 g grüne Oliven • frisch gehacktes Basilikum, zum Garnieren

FÜR 4–6 PERSONEN VORBEREITUNG: 20 MINUTEN GARZEIT: 45–50 MINUTEN

RATATOUILLE

1. Das Öl in einer großen, tiefen Pfanne erhitzen. Die Zwiebeln darin bei mittlerer Hitze 3–4 Minuten weich dünsten. **2. Auberginen** und Zucchini zufügen. Dann Paprika, Tomaten, Lorbeerblatt, Thymian und Knoblauch untermischen. Salzen und pfeffern. **3. Den Deckel** aufsetzen und bei niedriger Hitze 40–45 Minuten unter gelegentlichem Rühren köcheln lassen, bis das Gemüse schön eingekocht und weich ist. **4. Die Oliven** direkt vor dem Servieren untermischen. Mit Basilikum garnieren. **5. Das Ratatouille** kann warm oder kalt serviert werden.

Dieser sommerliche Gemüseeintopf stammt aus der südfranzösischen Provence. Wenn Sie keine gelben Zucchini finden können, ersetzen Sie sie einfach durch grüne. Nach Belieben können Sie statt grünen auch schwarze Oliven verwenden.

Wenn Sie dieses Rezept mögen, probieren Sie auch Kartoffelpfanne mit Pilzen auf Seite 90.

ZAZIKI
1 kleine Gurke • ½ TL Meersalzflocken •
375 g stichfester Naturjoghurt • 1 EL frisch gepresster
Zitronensaft • 1 EL natives Olivenöl extra • 1 EL fein gehackte
frische Minze • 1 Knoblauchzehe, zerdrückt

PUFFER
750 g Zucchini, geraspelt • 1 große weiße Zwiebel, geraspelt • 75 g Weizenmehl •
3 große Bio-Eier, leicht verquirlt • 3 EL fein gehackte frische Petersilie, plus etwas mehr zum Garnieren •
1 EL fein gehackter frischer Dill, plus etwas mehr zum Garnieren • Meersalz und frisch gemahlener
schwarzer Pfeffer • 120 ml natives Olivenöl extra

FÜR 4–6 PERSONEN VORBEREITUNG: 20 MINUTEN + 20 MINUTEN ABTROPFEN GARZEIT: 45–50 MINUTEN

ZUCCHINIPUFFER
MIT ZAZIKI

ZAZIKI **1. Die Gurke** schälen. Längs halbieren und mit einem Teelöffel die Kerne herausschaben. Das Gurkenfleisch raspeln. **2. Die Gurkenraspel** in ein Sieb geben, mit Salz bestreuen und über einer Schüssel 20 Minuten abtropfen lassen. **3. Die Gurkenraspel** von Hand vorsichtig ausdrücken. In eine mittelgroße Schüssel geben und mit Joghurt, Zitronensaft, Öl, Minze und Knoblauch verrühren. **4.** Die Schüssel mit Frischhaltefolie abdecken und die Zaziki bis zum Servieren im Kühlschrank ziehen lassen.

PUFFER **5. Zucchini-** und Zwiebelraspel von Hand ausdrücken, um überschüssige Flüssigkeit zu entfernen. Zucchini- und Zwiebelraspel mit Mehl, Eiern, Petersilie und Dill in einer großen Schüssel verrühren. Salzen und pfeffern. **6. Das Öl** in einer großen Pfanne stark erhitzen. Zum Test einen Brotwürfel ins heiße Öl geben. Wenn sich darum herum sofort Bläschen bilden und der Brotwürfel schnell bräunt, hat das Fett die richtige Temperatur. **7. Gehäufte Esslöffel Zucchiniteig** in die Pfanne setzen, leicht flach streichen und 3–4 Minuten braten. Die Zucchinipuffer wenden und von der anderen Seite ebenfalls braun braten. **8.** Mit einem Schaumlöffel herausheben und auf Küchenpapier abtropfen lassen. Heiß servieren.

Für ein leichtes Mittagessen servieren Sie diese Zucchinipuffer mit einem kleinen grünen oder gemischten Salat.

Wenn Sie dieses Rezept mögen, probieren Sie auch Kichererbsen-Spinat-Bratlinge mit Salsa Mexicana auf Seite 96.

KICHERERBSEN-SPINAT-BRATLINGE

MIT SALSA MEXICANA

FÜR 4 PERSONEN VORBEREITUNG: 15 MINUTEN GARZEIT: 15 MINUTEN

SALSA

3 mittelgroße vollreife Tomaten, klein gewürfelt • 2 Knoblauchzehen, fein gehackt • 1–2 frische rote Chilis, entkernt und fein gehackt • 1 kleine Zwiebel, fein gehackt • 3 EL fein gehackter frischer Koriander • Saft von 1 Limette • Meersalz und frisch gemahlener schwarzer Pfeffer

BRATLINGE

200 g junge Spinatblätter • 3 EL natives Olivenöl extra • 1 kleine Zwiebel, fein gehackt • 3 Knoblauchzehen, fein gehackt • ½ TL gemahlener Kreuzkümmel • ½ TL Kurkuma • ½ TL Meersalzflocken • 400 g Kichererbsen aus der Dose, abgespült und abgetropft • 1 Bio-Ei • 1 EL süße Chilisauce, plus etwas mehr zum Servieren • 1 EL frisch gehackte Petersilie, plus etwas mehr zum Garnieren

SALSA **1. Die Tomaten** in einer Schale mit Knoblauch, Chilis, Zwiebel, Koriander und Limettensaft vermengen. Mit Salz und Pfeffer abschmecken. **2.** Mit Frischhaltefolie abdecken und bis zum Servieren im Kühlschrank ziehen lassen.

BRATLINGE **3. Den Spinat** unter fließend kaltem Wasser abspülen. Ohne Abtropfen in einen Topf geben und bei mittlerer Hitze 1–2 Minuten zusammenfallen lassen. Den Spinat abtropfen und abkühlen lassen. **4. 1 Esslöffel Öl** in einer kleinen Pfanne erhitzen. Zwiebel und Knoblauch darin bei mittlerer Hitze 3–4 Minuten weich dünsten. **5. Kreuzkümmel**, Kurkuma und Salz zufügen und 1 Minute weitergaren. Die Pfanne vom Herd nehmen. **6. Kichererbsen,** Zwiebelmischung, Spinat, Ei, Chilisauce und Petersilie im Blitzhacker zu einer groben Masse verarbeiten. **7.** Die Masse zu etwa handtellergroßen, flachen Bratlingen formen. Wenn die Masse klebrig ist, die Hände mit Mehl bestäuben. **8. Das restliche Öl** in einer großen Pfanne erhitzen. Die Bratlinge darin bei mittlerer Hitze, gegebenenfalls portionsweise, 3–4 Minuten goldbraun braten. Wenden und von der anderen Seite ebenfalls goldbraun braten. **9.** Sofort mit der Salsa servieren.

Die fruchtig-leckere Salsa, die hervorragend zu diesen Bratlingen passt, können Sie nach Belieben mehr oder weniger scharf würzen.

• Wenn Sie dieses Rezept mögen, probieren Sie auch Zucchinipuffer mit Zaziki auf Seite 94.

4 EL natives Olivenöl extra,
plus etwas mehr zum Braten • 500 g festkochende Kartoffeln, geschält und in 5 mm dicke Scheiben geschnitten • 1 große Zwiebel, in feine Streifen geschnitten • 250 ml Wasser • 5 große Bio-Eier, leicht verquirlt • Meersalz und frisch gemahlener schwarzer Pfeffer • 60 g frisch geriebener Manchego

FÜR 4–6 PERSONEN VORBEREITUNG: 15 MINUTEN GARZEIT: 20 MINUTEN

TORTILLA

1. Das Öl in einer ofenfesten mittleren Pfanne mit hohem Rand erhitzen. Kartoffeln und Zwiebel darin unter häufigem Wenden anbraten, bis sie etwas Farbe bekommen. Das Wasser zugießen und etwa 10 Minuten sanft köcheln lassen, bis die Kartoffeln gar sind. **2. Verbleibende Flüssigkeit** aus der Pfanne abgießen. Die Eier über die Kartoffeln gießen. Salzen und pfeffern und alles vorsichtig vermengen. **3. Die Kartoffeln** mit dem Käse bestreuen und bei mittlerer Hitze etwa 5 Minuten köcheln lassen, bis die Unterseite der Tortilla gestockt ist. **4.** Inzwischen den Backofengrill vorheizen. Die Tortilla gratinieren, bis der Käse geschmolzen und goldbraun ist. **5.** Sofort servieren.

Manchego ist ein Hartkäse aus Schafsmilch aus der spanischen Region Kastillien-La Mancha. Sie können ihn durch Pecorino ersetzen.

Wenn Sie dieses Rezept mögen, probieren Sie auch Kartoffelpfanne mit Pilzen auf Seite 90.

MAISBROT AUS DER PFANNE

200 g grober Maisgrieß •
120 g Weizenmehl • 2 TL Backpulver •
1 TL Meersalzflocken • ½ TL Backnatron • 250 ml Buttermilch •
2 große Bio-Eier, leicht verquirlt • 120 g Butter, zerlassen • 90 ml Milch •
2 EL Honig oder Ahornsirup

FÜR 8 PERSONEN   VORBEREITUNG: 15 MINUTEN   GARZEIT: 20 MINUTEN

OFENMETHODE

1. Den Backofen auf 200 °C vorheizen. Eine ofenfeste gusseiserne Pfanne (24 cm ø) darin heiß werden lassen. **2. Maisgrieß**, Mehl, Backpulver, Salz und Natron in einer Schüssel mischen. **3. Buttermilch**, Eier, 7 Esslöffel zerlassene Butter, Milch und Honig oder Sirup glatt unterrühren. **4.** Die heiße Pfanne aus dem Ofen nehmen und die restliche Butter darin schwenken, damit Boden und Wände eingefettet sind. **5. Den Teig** in die Pfanne gießen. Die Ofentemperatur auf 190 °C reduzieren und den Teig etwa 20 Minuten backen. Zur Garprobe einen Holzspieß in die Teigmitte stechen; er sollte sauber und trocken wieder herauskommen. **6. Das Maisbrot** einige Minuten abkühlen lassen, dann in Scheiben schneiden und direkt in der Pfanne servieren.

PFANNENMETHODE

1. Eine Pfanne mit Deckel mit 1 Esslöffel Butter einfetten. **2. Maisgrieß**, Mehl, Backpulver, Salz und Natron in einer Schüssel mischen. **3. Buttermilch**, Eier, restliche Butter, Milch und Honig oder Sirup glatt unterrühren. **4. Den Teig** in die vorbereitete Pfanne füllen. Die Pfanne bei niedriger bis mittlerer Hitze auf den Herd setzen. Den Deckel aufsetzen und etwa 20 Minuten backen. Zur Garprobe einen Holzspieß in die Teigmitte stechen; er sollte sauber und trocken wieder herauskommen. **5. Das Maisbrot** einige Minuten abkühlen lassen, dann in Scheiben schneiden und direkt in der Pfanne servieren.

Maisbrot stammt aus den USA, wo es bereits Jahrhunderte, bevor die ersten Europäer die Neue Welt betraten, von der indigenen Bevölkerung zubereitet wurde. Heute ist es ein Aushängeschild der Südstaatenküche. Traditionell wurde es über offenem Feuer oder auf dem Herd gebacken, heute aber meist im Ofen zubereitet. Mit unserem Rezept können Sie beide Methoden ausprobieren.

Wenn Sie dieses Rezept mögen, probieren Sie auch Pfannenpizza mit Salami & Käse auf Seite 102.

PFANNENPIZZA MIT

SALAMI & KÄSE

FÜR 2–4 PERSONEN VORBEREITUNG: 30 MINUTEN + 1½–12 STUNDEN GEHEN LASSEN
GARZEIT: ETWA 15 MINUTEN

PIZZATEIG

300 g Weizenmehl Type 550 oder 1050, plus etwas mehr zum Bestäuben • 1 TL Meersalzflocken • 1 TL feinster Zucker • 1 Päckchen Trockenbackhefe oder ½ Würfel frische Hefe • 250 ml lauwarmes Wasser • 2 EL natives Olivenöl extra, plus etwas mehr zum Einfetten • Weizengrieß, zum Bestäuben

BELAG

2 EL Olivenöl, zum Braten • 50 ml Tomatensauce für Pasta (Glas) • 8–12 Scheiben Salami • 60 g frisch geriebener Parmesan • 100 g Mozzarella, in Stücke gezupft

PIZZATEIG **1. Mehl**, Salz und Zucker in der Schüssel der Küchenmaschine vermengen. **2. Falls Trockenhefe** verwendet wird, diese unter das Mehl mischen. Falls frische Hefe verwendet wird, diese mit etwas lauwarmem Wasser in einer Schale anrühren und etwa 5 Minuten stehen lassen, bis sich Bläschen bilden. **3. Wasser**, Hefeansatz (bei Verwendung von frischer Hefe) und Öl zu den Trockenzutaten geben und auf niedriger Stufe mit dem Knethaken 3–4 Minuten kneten, bis sich der Teig von der Schüsselwand löst. Den noch recht klebrigen Teig 15 Minuten gehen lassen. Dann auf niedriger bis mittlerer Stufe weitere 3–5 Minuten kneten, bis er glatt und elastisch ist. **4. Wenn der Teig** von Hand zubereitet wird, die Zutaten in einer großen Schüssel mischen und kneten. Auf eine saubere, leicht bemehlte Arbeitsfläche geben und 5–10 Minuten kräftig durchkneten, bis er nicht mehr klebrig ist. Dann 15 Minuten gehen lassen und nochmals 5–10 Minuten glatt und elastisch kneten. **5.** Eine große Schüssel einfetten. Den Teig mit bemehlten Händen zu einer Kugel formen, in die Schüssel geben und mit einem sauberen Trockentuch abgedeckt an einem warmen, zugluftgeschützten Ort etwa 1 Stunde gehen lassen, bis das Teigvolumen sich verdoppelt hat. Alternativ die Schüssel mit Frischhaltefolie abdecken und den Teig über Nacht im Kühlschrank gehen lassen. **6.** Ein großes Brett mit Mehl bestäuben. Den Teig halbieren und die Hälften zu Kugeln formen. Auf das Brett setzen und abgedeckt etwa 30 Minuten gehen lassen, bis das Teigvolumen sich verdoppelt hat.

BELAG **7. Wenn der Teig** über Nacht im Kühlschrank gegangen ist, auf Zimmertemperatur bringen, solange der Belag zubereitet wird. **8.** Eine gusseiserne Pfanne oder eine schwere Bratpfanne (26 cm ø) bei mittlerer bis starker Hitze auf den Herd setzen und das Öl darin erhitzen. **9. Eine Teighälfte** zu einem Kreis rollen bzw. ausziehen, der etwas kleiner als der Pfannendurchmesser ist. Den Teig in die Pfanne geben und etwa 1 Minute garen, bis sich an der Oberfläche große Blasen bilden und an der Unterseite braune Flecken zeigen. **10. Die Teigplatte** wenden. Mit einem Teigschaber die Hälfte der Sauce darauf verstreichen. Die Hälfte von Salami, Parmesan und Mozzarella darauf verteilen. Den Deckel aufsetzen und die Hitze auf mittlere Stufe reduzieren. Die Pizza 4–5 Minuten garen, bis der Käse geschmolzen ist. Die Hitze so regulieren, dass der Boden goldbraun wird, ohne zu verbrennen. Die Pizza ist fertig, sobald der Käse bis zum gewünschten Grad geschmolzen ist. **11.** Mit der zweiten Hälfte der Zutaten ebenso verfahren und sofort servieren.

Wenn Sie dieses Rezept mögen, probieren Sie auch Aloo Paratha (Indisches Pfannenbrot mit Kartoffelfüllung)) auf Seite 104.

ALOO PARATHA

INDISCHES PFANNENBROT MIT KARTOFFELFÜLLUNG

TEIG

300 g Weizenvollkornmehl • 1 TL Meersalzflocken • 250 ml warmes Wasser • 1 TL Pflanzenöl • 90 g zerlassenes Ghee, plus 3 EL zum Einfetten

FÜLLUNG

2 mittelgroße Kartoffeln, abgebürstet • 2 EL Pflanzenöl • 1 mittelgroße Zwiebel, fein gehackt • 2 kleine grüne Chilis, entkernt und fein gehackt • 1 TL gemahlener Kreuzkümmel • 1 TL Garam Masala • ¼ TL Kurkuma • 2 große Handvoll frische Korianderblätter, grob gehackt • Meersalzflocken

FÜR 6 PERSONEN VORBEREITUNG: 45 MINUTEN GARZEIT: 20–25 MINUTEN

TEIG **1. Mehl** und Salz in einer Schüssel mischen. Wasser und Öl unterrühren, bis die Zutaten gebunden sind. **2.** Auf einer sauberen Arbeitsfläche etwa 10 Minuten kneten, bis ein weicher, elastischer Teig entstanden ist. **3.** Mit einem sauberen Trockentuch bedecken und bei Raumtemperatur ruhen lassen, solange die Füllung zubereitet wird.

FÜLLUNG **4. Die Kartoffeln** in einem mittelgroßen Topf mit kaltem Wasser bedecken und 20–25 Minuten gar kochen. Abtropfen und etwas abkühlen lassen. **5. Die Kartoffeln** schälen und grob zerdrücken. **6. Das Öl** in einer mittelgroßen Pfanne erhitzen. Zwiebel und Chili darin 3–4 Minuten weich dünsten. Kreuzkümmel, Garam Masala und Kurkuma einstreuen und etwa 20 Sekunden braten, bis sie zu duften beginnen. Die Kartoffelmasse zugeben und 2 Minuten unter Rühren braten. Den Koriander untermischen und mit Salz abschmecken. Abkühlen lassen. **7. Den Teig** in 6 Portionen teilen und zu Kugeln formen. Die Kugeln mit Mehl bestäuben und auf einer leicht bemehlten Arbeitsfläche zu etwa 13 cm großen Kreisen ausrollen. Am Rand etwas dünner drücken. **8. Die Füllung** in 6 Portionen teilen und auf die Mitte der Teigplatten setzen. Die Teigränder in der Mitte über der Füllung zusammenfassen und zusammendrücken. Die so entstandenen Säckchen mit der Handfläche zu einer dicken Scheibe drücken. **9. Die Teigscheiben** mit Mehl bestäuben und so dünn wie möglich, etwa 3–5 mm, ausrollen, ohne dass der Teig reißt. Mit dem zusätzlichen Ghee bestreichen. **10.** Eine mittelgroße gusseiserne Pfanne oder eine Antihaft-Pfanne bei mittlerer bis starker Hitze auf den Herd setzen. **11. Die Parathas** mit der gefetteten Seite nach unten 1 Minute backen, bis sich Blasen an der Oberfläche bilden und an der Unterseite braune Flecken zeigen. **12.** Die Oberseite der Parathas mit Ghee bestreichen. Wenden und von der anderen Seite ebenfalls 1 Minute backen, bis die Unterseite braune Stellen aufweist. Nochmals wenden und weitere 30–60 Sekunden backen. **13.** Auf einen Teller heben und locker mit Alufolie bedeckt warm halten, bis alle Parathas gebacken sind. **14.** Sofort servieren.

Parathas sind besonders in Nordindien beliebt, wo sie zu jeder Mahlzeit gereicht werden können. Sie werden mit unterschiedlichen Füllungen zubereitet. Sie können sie aber auch pur, ohne Füllung in der Pfanne backen und als Vorspeise oder Snack mit einem leckeren Chutney servieren.

• Wenn Sie dieses Rezept mögen, probieren Sie auch Maisbrot aus der Pfanne auf Seite 100.

PANCAKES
300 g Weizenmehl • 2 TL Backpulver •
1 TL Backnatron • ½ TL Meersalzflocken • 4 EL Zucker •
375 ml Milch • 2 EL heller Essig • 2 große Bio-Eier, leicht verquirlt •
4 EL Butter, zerlassen

ERDBEERSAUCE
450 g frische Erdbeeren • 1–2 EL Zucker • 2 EL frisch gepresster Zitronensaft

FÜR 8 PERSONEN VORBEREITUNG: 15 MINUTEN GARZEIT: 20 MINUTEN

KLEINE PANCAKES
MIT ERDBEERSAUCE

PANCAKES **1.** Den Backofen auf 100 °C vorheizen. Das Mehl mit Backpulver, Natron und Salz in eine große Schüssel sieben. Den Zucker untermischen. **2.** Eine Vertiefung in die Mitte drücken und Milch, Essig, Eier und zerlassene Butter hineingießen. Alles zu einem glatten Teig verrühren. **3.** Eine große Pfanne bei mittlerer bis starker Hitze auf den Herd setzen und leicht mit Öl einfetten. **4.** 1–2 Esslöffel große Teigportionen in die Pfanne setzen und von jeder Seite 2–3 Minuten goldbraun backen. Fertige Pancakes im vorgewärmten Ofen warm halten, bis der Teig aufgebraucht ist.

ERDBEERSAUCE **6.** **Die Erdbeeren** putzen und klein schneiden. **7.** Mit dem Zucker in einen Topf geben und bei mittlerer Hitze etwa 5 Minuten köcheln lassen, bis die Erdbeeren weich sind und zerfallen. **8.** Den Topf vom Herd nehmen und den Zitronensaft unterrühren. **9.** **Die Pancakes** warm servieren. Die Erdbeersauce dazureichen.

Diese kleinen, dicken Pfannkuchen sind sehr vielseitig. Sie können sie herzhaft als Vorspeise mit Frischkäse und kaltem Braten servieren oder süß als Dessert. Statt mit Erdbeeren können Sie die Sauce auch mit anderen Beeren zubereiten. Eine andere leckere Begleitung zu diesen Pancakes sind Schokoladensauce mit Bananenscheiben und gerösteten Mandelblättchen.

Wenn Sie dieses Rezept mögen, probieren Sie auch Crêpes auf Seite 108.

CRÊPES

CRÊPES
250 g Weizenmehl • 2 EL feinster Zucker • Meersalzflocken • 2 große Bio-Eier • 300 ml fettarme Milch • 2 EL Sonnenblumenöl (oder ein anderes neutrales Pflanzenöl), plus etwas mehr mehr zum Backen • 4 EL warmes Wasser • 1/3 TL Backnatron • ½ TL frisch gepresster Zitronensaft

FÜLLUNGEN
Frische Beeren • Bananenscheiben und Schokoladensauce • frisch gepresster Zitronensaft mit Zimtzucker • Konfitüre • Schlagsahne

FÜR 6–8 PERSONEN VORBEREITUNG: 15 MINUTEN GARZEIT: 20 MINUTEN

CRÊPES **1.** Den Backofen auf 100 °C vorheizen. Das Mehl mit Zucker und 1 Prise Salz in einer Schüssel mischen. Eine Vertiefung in die Mitte drücken. **2. Eier,** 150 ml Milch und Öl hineingeben und mit einem Handmixer nach und nach mit den Trockenzutaten zu einem glatten Teig verarbeiten. **3.** Nach und nach restliche Milch und Wasser einarbeiten. Der Teig sollte etwa die Konsistenz von dickflüssiger Sahne haben. **4. Das Natron** auf einen Teelöffel geben, den Zitronensaft darüberträufeln und sofort sorgfältig in den Teig rühren. **5.** Eine Pfanne (24 cm ø) auf mittlerer Stufe 2–3 Minuten erhitzen. Mit einem ölgetränkten Küchenpapier einfetten. **6.** Mit einer Kelle so viel Teig hineingeben, dass der Pfannenboden durch Schwenken dünn bedeckt wird. **7.** Bei mittlerer Hitze backen, bis die Unterseite des Crêpe goldgelb ist. **8.** Wenden und den Crêpe von der anderen Seite weitere 30 Sekunden backen. **9.** Die fertigen Crêpes auf einem Teller stapeln und im vorgeheizten Ofen warm halten, bis der Teig aufgebraucht ist.

FÜLLUNGEN **10. Crêpes** können mit diversen Zutaten gefüllt und dann gefaltet oder gerollt werden, z.B. mit frischen Beeren, in Scheiben geschnittenen Bananen und Schokoladensauce, Zimtzucker oder Konfitüre. In allen Fällen können Sie auch Schlagsahne dazu reichen. Die Crêpes warm servieren.

Wenn Sie dieses Rezept mögen, probieren Sie auch Kleine Pancakes mit Erdbeersauce auf Seite 106.

PFLAUMENKOMPOTT
100 g Zucker • 120 ml Wasser • 1 kg Pflaumen, entsteint und klein geschnitten

KAISERSCHMARRN
80 g Rosinen • 4 EL Rum • 300 g Weizenmehl • 250 ml Milch • 4 große Bio-Eier, getrennt • 75 g gesalzene Butter, zerlassen • 50 g Zucker • 2 EL Puderzucker

FÜR 6 PERSONEN VORBEREITUNG: 15 MINUTEN GARZEIT: 20–25 MINUTEN

KAISERSCHMARRN

MIT WARMEM PFLAUMENKOMPOTT

PFLAUMENKOMPOTT **1. Zucker** und Wasser in einem mittelgroßen Topf 2 Minuten köcheln lassen. **2. Die Pflaumen** zufügen und etwa 10 Minuten köcheln lassen, bis die Pflaumen weich sind und zerfallen. Warm halten.

KAISERSCHMARRN **3. Die Rosinen** in einer Schale 15 Minuten im Rum einweichen. **4. Das Mehl** in einer Schüssel mit der Milch glatt rühren. **5. Eigelb,** 3 Esslöffel zerlassene Butter und Rosinen samt Rum unterrühren. **6. Das Eiweiß** in einer zweiten Schüssel steif schlagen, dabei den Zucker einrieseln lassen. Den Eischnee unter den Teig heben. **7. Die restliche Butter** in einer großen Pfanne erhitzen. **8. Den Teig** hineingeben und gleichmäßig auf dem Pfannenboden verstreichen. **9.** Bei mittlerer Hitze etwa 5 Minuten backen, bis die Unterseite goldbraun ist. Den Pfannkuchen auf einen Teller stürzen, wieder in die Pfanne gleiten lassen und von der anderen Seite weitere 4–5 Minuten backen, bis die Unterseite goldbraun ist. **10. Den Pfannkuchen** mit zwei Gabeln in unregelmäßige Stücke reißen und mit Puderzucker bestäuben. **11.** Warm servieren. Das Pflaumenkompott separat dazureichen.

Für die Bezeichnung „Kaiserschmarrn“ gibt es diverse Herleitungen, jedenfalls haben sie alle mit dem österreichischen Kaiser Franz Joseph I. zu tun.

Wenn Sie dieses Rezept mögen, probieren Sie auch Kleine Pancakes mit Erdbeersauce auf Seite 106.

AMERIKANISCHE S'MORES

FÜR 6–8 PERSONEN VORBEREITUNG: 5 MINUTEN GARZEIT: 8–10 MINUTEN

350 g Milch- oder Zartbitter-schokoladentröpfchen • 500 g große Marshmallows (zum Rösten) • 400 g Grahamcracker oder Vollkornbutterkekse

1. Den Backofen auf 220 °C vorheizen. **2. Die Schokoladentröpfchen** gleichmäßig auf dem Boden einer Back- oder Auflaufform (28 cm ø) verteilen. Die Marshmallows daraufsetzen. **3.** Im vorgeheizten Ofen 8–10 Minuten erhitzen, bis die Marshmallows zu schmelzen beginnen und auf der Oberseite schön gebräunt sind. **4. Die Schoko-Marshmallow-Masse** auf die Hälfte der Grahamcracker setzen und mit einem zweiten Cracker bedecken. Sofort servieren.

Dieser wunderbare süße Snack stammt aus Nordamerika, wo er auch gerne am Lagerfeuer zubereitet wird. Dafür werden Marshmallows am Spieß geröstet und die Schokolade in einem Topf über dem Lagerfeuer geschmolzen und dann mit Keksen zusammengesetzt. In unserer Küchenversion des klassischen Rezepts schmelzen wir Schokolade und Marshmallows im Ofen. Wenn Sie keine traditionellen Grahamcracker finden, können Sie einfache oder Vollkornbutterkekse verwenden.

• Wenn Sie dieses Rezept mögen, probieren Sie auch Brownies aus der Pfanne auf Seite 118.

APFEL-CRUMBLE

ÄPFEL

4–5 mittelgroße Äpfel, mit Schale, vorzugsweise Bio • 1 EL Butter • 1 Prise Salz • 50 g brauner Zucker • 4 EL frisch gepresster Zitronensaft

STREUSEL

150 g Weizenmehl • 150 g Weizenvollkornmehl • 100 g brauner Zucker • 1 TL Zimt • ½ TL gemahlener Ingwer • ½ TL Vanilleextrakt • 120 g gesalzene Butter • Vanilleeiscreme oder Schlagsahne, zum Servieren

FÜR 6 PERSONEN VORBEREITUNG: 10 MINUTEN GARZEIT: 10 MINUTEN

ÄPFEL **1. Die Äpfel** sorgfältig waschen, trocknen und vierteln. Entkernen und nochmals längs halbieren, sodass pro Apfel 8 Spalten entstehen. **2. Die Butter** in einer ofenfesten großen Pfanne bei mittlerer Hitze zerlassen. Die Apfelspalten darin 7–10 Minuten fast weich garen.

STREUSEL **3.** Inzwischen den Backofengrill vorheizen. Beide Mehlsorten mit Zucker, Zimt und Ingwer in einer Schüssel mischen. **4. Vanilleextrakt** und Butter zufügen und mit den Fingern mit den Trockenzutaten verreiben, bis die Masse feinkrümelig ist. **5. Salz und Zucker** zu den Äpfeln geben, mit dem Zitronensaft beträufeln und gut mischen. Gleichmäßig mit den Streuseln bestreuen. **6.** Die Pfanne etwa 10 cm unter der Grillschlange in den Ofen schieben und grillen, bis die Streusel goldgelb sind.

Ein traditioneller Crumble braucht einige Zeit. Diese Pfannenversion geht wesentlich schneller, sodass Sie schon nach 20 Minuten ein köstliches Dessert aus dem Ofen zaubern können.

Wenn Sie dieses Rezept mögen, probieren Sie auch Reis-Apfel-Krapfen auf Seite 124.

PFANNKUCHEN
6 große Bio-Eier, auf Zimmertemperatur •
250 ml Milch, auf Zimmertemperatur • 150 g Weizenmehl •
1 TL feinster Zucker • 1 TL Meersalzflocken • 3 EL Butter

ZUM SERVIEREN
100 g Zartbitterschokolade • 150 g gemischte frische Beeren, z.B. geviertelte Erdbeeren,
Blaubeeren und Himbeeren • Puderzucker, zum Bestäuben

FÜR 6 PERSONEN VORBEREITUNG: 10 MINUTEN GARZEIT: 10–15 MINUTEN

HOLLÄNDISCHE PFANNKUCHEN

MIT BEEREN & SCHOKOLADE

PFANNKUCHEN **1.** Den Backofen auf 230 °C vorheizen. Eine gusseiserne Pfanne oder eine Quicheform (32 cm ø) im Ofen sehr heiß werden lassen. **2. Die Eier** in einer Schüssel verquirlen. Die Milch einarbeiten. **3. Mehl,** Zucker und Salz einstreuen und rühren, bis ein glatter, dünner Teig entstanden ist. **4.** Die heiße Pfanne oder Form aus dem Ofen nehmen. Die Butter darin zerlassen. **5. Den Teig** hineingießen und den Pfannkuchen im heißen Ofen 10–15 Minuten backen, bis er schön aufgegangen und goldbraun ist.

ZUM SERVIEREN **6. Inzwischen die Schokolade** im Wasserbad oder in der Mikrowelle schmelzen. **7. Den Pfannkuchen** sofort servieren, da er rasch wieder zusammenfällt. Mit Beeren garnieren und mit der Schokolade beträufeln. Mit Puderzucker bestäuben und zum Servieren in Stücke schneiden.

In Holland werden Pfannkuchen auch gern zum Frühstück serviert. Falls Sie das auch tun wollen, lassen Sie die Schokolade weg.

● Wenn Sie dieses Rezept mögen, probieren Sie auch Crêpes auf Seite 108.

350 g Zartbitterschokolade, grob gehackt • 120 g gesalzene Butter, gewürfelt • 70 g feinster Zucker • 2 große Bio-Eier, leicht verquirlt • 1 TL Vanilleextrakt • 150 g Weizenmehl • 1 TL Backpulver • 90 g Zartbitterschokoladentröpfchen, plus einige mehr zum Bestreuen • 60 g gehackte Walnusskerne, zum Garnieren • 1 Handvoll frische Himbeeren, zum Garnieren • Vanilleeis, zum Servieren (optional)

FÜR 8 PERSONEN VORBEREITUNG: 10 MINUTEN GARZEIT: 7–10 MINUTEN

BROWNIES AUS DER PFANNE

1. Die gehackte Schokolade mit der Butter in einer Pfanne (20 cm ø) bei mittlerer Hitze unter Rühren schmelzen. **2. Den Zucker** zufügen und 1–2 Minuten ständig rühren, bis er sich aufgelöst hat. **3. Eier** und Vanille kurz und kräftig unterrühren. **4. Mehl,** Backpulver und Schokoladentröpfchen kurz einarbeiten. **5.** Den Deckel aufsetzen und den Teig 6–8 Minuten backen, bis er schön aufgegangen und fast fest ist. **6.** Die Pfanne vom Herd nehmen. Mit Walnüssen und Schokoladentröpfchen bestreuen und mit den Himbeeren garnieren. **7.** Warm direkt aus der Pfanne servieren. Nach Belieben eine Kugel Vanilleeis pro Person dazureichen.

Dies ist eine schnelle, einfache Art, diesen beliebten amerikanischen Schokoladenkuchen zuzubereiten. Servieren Sie ihn warm direkt aus der Pfanne. Nach Belieben können Sie einen Teelöffel Chilipulver zusammen mit Mehl und Backpulver in den Teig rühren.

Wenn Sie dieses Rezept mögen, probieren Sie auch Amerikanische S'Mores auf Seite 112.

1 Päckchen Trockenbackhefe oder ½ Würfel frische Hefe • 2 EL feinster Zucker • 90 ml lauwarmes Wasser • 500 g Weizenmehl • 250 ml lauwarme Milch • 2 große Bio-Eier, verquirlt • Pflanzenöl, zum Einfetten und Ausbacken • Puderzucker, zum Bestäuben

ERGIBT 12 STÜCK VORBEREITUNG: 30 MINUTEN + 2 STUNDEN GEHEN LASSEN GARZEIT: 30 MINUTEN

DONUTS

1. Die Hefe mit 1 Teelöffel Zucker und dem Wasser in einer Schale glatt rühren. An einem warmen Ort etwa 5 Minuten gehen lassen, bis eine Bläschenbildung zu beobachten ist. **2. Mehl** und restlichen Zucker in der Schüssel der Küchenmaschine mischen. Hefeansatz, Milch und Eier zufügen und auf niedriger Stufe etwa 5 Minuten mit dem Knethaken rühren, bis ein klebriger, elastischer Teig entstanden ist. **3. Den Teig** in eine eingefettete Schüssel geben. Abdecken und an einem warmen Ort 90 Minuten gehen lassen, bis sich das Teigvolumen verdoppelt hat. **4.** Eine Arbeitsfläche mit Mehl bestäuben und den Teig 1,5 cm dick ausrollen oder ausziehen. Mit einer runden Ausstechform 8 cm große Kreise ausstechen. **5.** Ein Backblech mit Öl einfetten und mit Backpapier belegen. Das Papier ebenfalls einfetten. Die Teigflecken daraufsetzen. Mit einem Tuch abdecken und weitere 30 Minuten gehen lassen, bis sie schön aufgegangen sind. **6. Öl** etwa 2,5 cm hoch in eine große, schwere Pfanne füllen. Bei mittlerer Hitze auf 170 °C erhitzen, bis ein Brotwürfel in 20 Sekunden bräunt. **7. Die Donuts** in kleinen Portionen 1 Minute pro Seite im heißen Fett ausbacken, bis sie goldbraun und aufgegangen sind. **8.** Mit einer Küchenzange oder einem Schaumlöffel herausnehmen und auf Küchenpapier abtropfen lassen. **9.** Mit Puderzucker bestäuben und servieren.

Ernährungshistoriker vermuten, dass Donuts im 19. Jahrhundert vermutlich von holländischen Siedlern in Nordamerika erfunden wurden. Von dort haben sie sich über die ganze Welt verbreitet.

Wenn Sie dieses Rezept mögen, probieren Sie auch Ausgebackene Bananen auf Seite 122.

75 g Weizenmehl • 2 EL feinster Zucker • 1 großes Bio-Ei, verquirlt • 4 EL Milch • 1 Prise Meersalzflocken • 4 mittelgroße Bananen • Erdnussöl, zum Ausbacken

FÜR 4 PERSONEN VORBEREITUNG: 15 MINUTEN + 1 STUNDE RUHEN
GARZEIT: 15 MINUTEN

AUSGEBACKENE BANANEN

1. Das Mehl mit Zucker, Ei, Milch und Salz in einer Schüssel verrühren, bis ein dicker, glatter Teig entstanden ist. **2.** Bei Raumtemperatur 1 Stunde quellen lassen. **3. Die Bananen** schälen und in 7–8 cm lange Stücke schneiden. **4. Öl** etwa 2,5 cm hoch in eine große, schwere Pfanne füllen und bei mittlerer Temperatur auf 190 °C erhitzen. Wenn Sie kein Küchenthermometer haben, zum Test einen Brotwürfel ins heiße Öl geben. Wenn sich sofort Bläschen darum herum bilden und der Brotwürfel rasch bräunt, hat das Fett die richtige Temperatur. **5. Die Bananenstücke** in den Teig tauchen, bis sie vollständig eingehüllt sind. Überschüssigen Teig abtropfen lassen. Die Bananen portionsweise ins heiße Fett geben und etwa 5 Minuten goldbraun ausbacken. **6.** Mit einer Küchenzange oder einem Schaumlöffel herausnehmen und kurz auf Küchenpapier abtropfen lassen. **7. Mit Puderzucker** bestäuben und warm servieren.

Dieses Rezept ist inspiriert von einem sehr beliebten vietnamesischen Straßenessen. Am besten eignen sich noch recht feste Bananen. Nach Belieben können Sie die ausgebackenen Bananen vor dem Servieren mit Ahornsirup beträufeln.

Wenn Sie dieses Rezept mögen, probieren Sie auch Reis-Apfel-Krapfen auf Seite 124.

200 g Rundkornreis • 500 ml Milch • 100 g Zucker • 500 g Äpfel, geschält, entkernt und geraspelt • 2 große Bio-Eier, leicht verquirlt • 2 EL Rum • 1 EL Rosinen, 15 Minuten in warmem Wasser eingeweicht und abgetropft • ½ TL Vanilleextrakt • fein abgeriebene Schale von 1 Zitrone • 50 g Weizenmehl • 1 TL Backpulver • 1,5 l Olivenöl, zum Ausbacken • 50 g Puderzucker, zum Bestäuben

FÜR 6–8 PERSONEN VORBEREITUNG: 30 MINUTEN GARZEIT: ETWA 1 STUNDE

REIS-APFEL-KRAPFEN

1. Den Reis mit der Milch in einem mittleren Topf bei niedriger Hitze 30–35 Minuten sehr weich garen. Wenn der Reis am Topfboden anzusetzen droht, etwas kochendes Wasser zugießen. **2.** Den Topf vom Herd nehmen. Zucker, Äpfel, Eier, Rum, Rosinen, Vanilleextrakt und Zitronenschale unterrühren. Mehl und Backpulver zugeben und sorgfältig einarbeiten. **3. Öl** etwa 2,5 cm hoch in eine große, schwere Pfanne füllen und bei mittlerer Temperatur auf 190 °C erhitzen. Wenn Sie kein Küchenthermometer haben, zum Test einen Brotwürfel ins heiße Öl geben. Wenn sich sofort Bläschen darum herum bilden und der Brotwürfel rasch bräunt, hat das Fett die richtige Temperatur. **4.** Portionsweise esslöffelgroße Nocken ins heiße Fett geben und 5–7 Minuten goldbraun ausbacken. **5.** Mit einer Küchenzange oder einem Schaumlöffel herausheben und kurz auf Küchenpapier abtropfen lassen. **6. Mit Puderzucker** bestäuben und warm servieren.

Diese Krapfen stammen aus Italien, wo sie insbesondere zur Karnevalszeit zubereitet werden.

• Wenn Sie dieses Rezept mögen, probieren Sie auch Donuts auf Seite 120.

REGISTER